中央民族大学「985工程」三期建设项目资助

中央民族大学民俗学书系

主编◎林继富

劳作模式与村落共同体

一个华北荆编专业村的考察

蔡磊 著

图书在版编目(CIP)数据

劳作模式与村落共同体：一个华北荆编专业村的考察／蔡磊著．
—北京：中国社会科学出版社，2015.8
ISBN 978－7－5161－6489－1

Ⅰ.①劳…　Ⅱ.①蔡…　Ⅲ.①农村—手工业—研究—中国
Ⅳ.①F326

中国版本图书馆 CIP 数据核字(2015)第 153876 号

出 版 人　赵剑英
责任编辑　姜阿平
责任校对　董晓月
责任印制　张雪娇

出　　版　中国社会科学出版社
社　　址　北京鼓楼西大街甲 158 号
邮　　编　100720
网　　址　http://www.csspw.cn
发 行 部　010－84083685
门 市 部　010－84029450
经　　销　新华书店及其他书店

印　　刷　北京君升印刷有限公司
装　　订　廊坊市广阳区广增装订厂
版　　次　2015 年 8 月第 1 版
印　　次　2015 年 8 月第 1 次印刷

开　　本　710×1000　1/16
印　　张　12
插　　页　2
字　　数　240 千字
定　　价　46.00 元

凡购买中国社会科学出版社图书，如有质量问题请与本社营销中心联系调换
电话：010－84083683

拆迁前的沿村大街

村庙一角

刚浇过冻水的麦田

背背筐上地的妇女

新婚礼物

新年树上贴的“福”字

清明上坟的供品

割荆条

河沟里浸泡的荆条

路边晾晒的荆条

筐锔

编筐的老人

筛筐

岔子

荆条篮子

杂货店售卖的背筐

集市上卖筐

热闹的长沟集市

沿村新区锻炼的村民

目　录

第一章 导论

村落共同体是人类历史上重要的共同体类型，它以土地的私人占有为基础、以村落共有的水利设施为补充，在共同体中形成了关于耕地、耕作和用水等共同体规则，并在此基础上确立了生活规范。在村落生活中，村民之间形成了共同的文化信仰，形成了超越个别利益、在生命意义上的相互认同感。[①] 然而，伴随现代化和城镇化进程的推进，传统村落共同体发生了剧烈变迁。村落共同体成员大批涌向城市，日渐离土离乡，他们之间的纽带变得松弛；大量村落被兼并或拆迁，共同体边界开始模糊，当农村劳动力和土地日益纳入市场，原有共同体的道德和规范在经济利益冲击下日渐丧失。村落共同体究竟该何去何从？是日渐面临衰落、解体还是走向转型和新生？在此历史转轨之时，重新审视中国村落共同体的历史品格和当代属性，显得尤为必要。

一 问题的提出

近代乡村经济与村落共同体关系的探讨，主要集中在农耕生产、水利、看青、民间借贷等领域，对于作为农村重要副业的乡村手工业，研究相对较少。这主要是因为，集团性一直被视为判定村落是否具有共同体属性的重要标准，而传统乡村手工业主要以家庭手工业为经营方式，较少有村落一级的大规模生产联合，未能体现较强的集团性。然而一次田野调查却让笔者对这一认识产生了反思，在集团性不强的乡村手工业中可能也存在深厚的村落共同体意识。

---

① 李国庆：《关于中国村落共同体的论战——以“戒能—平野论战”为核心》，《社会学研究》2005 年第 6 期。

2007年，笔者调查北京西南房山区长沟集镇时，了解到新中国成立以前，集镇附近的三个手工专业村在生产类型上各具特色，其中七贤村以用横条编篮子为特色，沿村以用荆条编筐为特色，北务村以磨香油为特色，过去还流传有民谚“七贤篮子沿村的筐，太和庄小车一大帮，北务尽出卖油郎”。三村相距不过数里，在手工业生产上却形成迥异特色，尤其是七贤村和沿村，同为手工编织村，在原材料和产品上完全不同。在进一步调查中，笔者了解到：晚清和民国时期，在这四个村隶属的长沟镇、韩村河镇和涿州东仙坡乡一带，从事编篮业、编筐业和榨油业的只有这三村，其他村极少有人从事这些行业。也即是说，这一地区乡村手工业发展不仅形成了村落特色，而且划分了村落边界。

晚清和民国时期，中国乡村手工业在西方工业化大潮冲击下，既有衰落亦有发展（彭南生，2007）。[①] 那些发展中的手工业专业村，不断将技术扩散到周边村落，形成更大的手工业专业区；即便没有发展，一些传统手工业亦没有完全消亡，一定区域内总会零散地分布手工业生产个体或家户，以满足区域内日常生产生活所需。长沟镇一带手工业专业村，既没有形成向外扩散的发展态势，也没有零散地分布于不同村落，而是将生产范围集聚在某一村域之内，与周边村落形成明显界限。这一现象促使我思考，为何相邻村落会发展不出同种类的手工业？村落共同体意识和规范是否影响了乡村手工业发展？七贤村编篮业和北务村榨油业，早在20世纪90年代初便已消亡，唯有沿村编筐业一直传承至今。考虑到资料获取的便利，笔者选取沿村为考察中心，尝试思考以下问题：

其一，村落共同体规范和道德如何影响手工业生产的集聚范围和发展规模？手工专业村镇的出现是中国乡村经济发展的重要特点，然而为何往往以村或镇为中心或单位形成生产集聚，学术界并未给予深入探讨，思考手工专业村成因时，也大多从资源、环境、国家或地方精英等视角入手，并没有特别强调中国基层社会结构对乡村手工业发展的影响。通过考察沿村案例，或许可以探究出村落共同体意识是如何对乡村手工业发展产生影响。其二，乡村手工业中的村落共同体意识具有怎样的表现形式？村落共同体的内在本质是共同意识，是在历史发展过程中累积起来的生命的协同

① 彭南生：《半工业化——近代中国乡村手工业的发展与社会变迁》，中华书局2007年版，第204页。

和亲和意识，这种共同体意识主要有两种外在表现：一是表现为村一级的集体行动和集体组织；二是表现为共同体成员间的互助协作。乡村手工业中是否形成村一级的集体组织和集体行动？同一村落的手工业生产者之间在生产和销售中可能会形成怎样的合作和互助？其三，手工业生产的村落边界如何形成？手工业生产边界往往由生产规模、市场需求和生产技术的保守性等要素决定，但仅从这些要素出发，是否能解释这一边界？村落地理边界、社会边界和文化边界是否影响村落生产边界的形成？其四，手工业生产是促进还是减弱了村落共同体内聚？如果促进了村落共同体内聚，手工业生产在联结共同体机制上和宗族、信仰、水利、治安防卫等传统纽带有何不同？从某种意义上说，区分村庄类型是村落研究的前提，已有中国村落共同体研究更多地关注到大的地理区域如华北、华南和华中的区域差异，未能区分因生产方式带来的村落差异。本书试图通过回答以上问题，探讨华北手工业村庄的共同体性质和共同体联结机制。

二　文献梳理

（一）中国传统村落共同体的研究

1.“共同体”的概念及其内涵变迁

共同体的概念最早可以溯源到亚里士多德的城邦思想中。在亚里士多德看来，城邦是为着某种善而建立起来的共同体，是以德性的优良生活为本质的伦理共同体。城邦共同体和家庭、村落等共同体一样，是自然产生的，但比家庭和村落更完整、更自足，是最崇高、最权威和至善的共同体。[①] 在这里亚里士多德强调了城邦这种政治共同体的至善追求和伦理连结机制，这一思想一直深深地影响了后来的共同体主义政治哲学研究。

社会学视野中最早对共同体的概念进行专门界定和阐述的是德国学者滕尼斯。在其成名作《共同体与社会》一书中，他将人类群体生活的联合分为共同体和社会两种理想类型。共同体是建立在本质意志基础上的自然结合体，共同体成员之间休戚与共、同甘共苦，本能的中意、习惯或共

① ［古希腊］亚里士多德：《政治学》，吴寿彭译，商务印书馆1996年版，第3—5页。

同记忆是共同体的联结基础，共同体的生活是亲密的、排他的，是持久和真正的共同生活。而社会则是建立在选择意志基础上的机械聚合，社会中的成员虽然共处或生活在一起，但他们基本上不结合在一起，而趋向分离。目的、个人意志和契约往往是社会联结的基础，相对于共同体而言，社会只是一种暂时和表面的共同生活。

后来的共同体研究，一方面继承了亚里士多德和滕尼斯的基本思想，另一方面不断丰富和重新阐释共同体的概念内涵。1981 年杨庆堃统计共同体定义，发现已有 140 多种。认同感、归属、共享价值观和伦理等核心特质在诸多共同体定义中基本得到继承，主要分歧在于是否将地域关系作为共同体存在的必要因素。帕克（Park）①、桑德斯（Sanderson）②、麦其威等人在对共同体定义中都强调了地理空间，认为共同体成员生活在相同区域内，且互动较多，而在区域之外，相对互动较少，从而形成共同体的地理边界。③ 费孝通将英文中的“community”翻译成“社区”，也融进了地域因素，和滕尼斯界定的意涵已有差别。齐默尔曼概括的社区的四个特征：社会事实、规范、联合、有限地区，包含了区域因素。④ 毛丹在梳理共同体定义时指出，大多数社会学家们观察到地域性团体仍然是共同体普遍的、关键性的特征，很难否定地域边界性仍然是社区或共同体的重要条件。⑤

另一些学者认为地域关系并非共同体存在的必要条件。地域只是提供成员互动的地理空间，即便不处于同一区域，只要成员间的互动和联系达到一定水平，同样可以称之为共同体。⑥ 共同体不一定非要从地域条件去定义，也可以从关系条件去定义。⑦ 还有学者甚至超越社会关系和社会网

---

① Robert E. Park and Ernest W. Burgess, *Introduciton to the Science of Sociology* , Chicago: niv. of Chicago Press, 1921, p. 161.

② Dwight Sanderson and Robert A. Poison, *Rural Community Organization*, NewYork: John Wiley &. oSns, 1939, p. 50.

③ Robert M. Maeiver, *Community: A Sociological Study*, London: MaemillallCo, 1928, pp. 22 – 23.

④ Zmimerman, Carle C. , *The Changing Community*, New York: Harper and Brothers, 1938.

⑤ 毛丹：《村落共同体的当代命运：四个观察维度》，《社会学研究》2010 年第 1 期。

⑥ McMillan, David & David Chavis , “Sense of Community: AD efinition and Theory”, *Journalof Community P sychology* , Vol. 14, 1986.

⑦ Amlgren, Gunnar, “Community in Borgatta” Edgar F. , editor in chief, *Encyclopedia of Sociology* (Second Edition), New York: Macmillan Reference, 2000.

络，从更为内在的情感联系和认同归属感去定义共同体，基本遵循了滕尼斯对共同体最本质和本源的界定。只要有一种纽带将人们紧密相连，给人们一种彼此相属的感觉，那么便有共同体存在。[①]

“共同体是一个温馨的地方，一个温暖而又舒适的场所。它就像是一个家，在它的下面，可以遮风避雨；它又像是一个壁炉，在严寒的日子里，靠近它，可以暖和我们的手。”[②] 即便是一群互不相识的人，只要他们的日常生活和思想里有共同的历史，仍然可以构成共同体，是记忆的共同体。[③]

除这一分歧外，共同体的当代内涵有扩大之势。滕尼斯对共同体和社会做了时代划分，指出共同体是古老的，社会是新的，然而现代社会依然有共同体留存，这不仅因为从共同体到社会是一个渐变过程，而且在变动不居的现代社会背景下共同体更显弥足珍贵。当共同体的界定超越地域关系而指向内在温馨的情感联结时，共同体的范围不断扩大，它既可指小规模的社区自发组织，也可指更高层次的政治、社会组织，乃至最高层次的民族或国家共同体。[④] 但是也有学者批评这种共同体概念的泛化，认为把所有的社会结合体都泛视为共同体，降低甚至取消了共同体的地域性质，并不见得明智。因为大多数社会学家们观察到地域性团体仍然是共同体普遍的、关键性的特征，[⑤] 而地区、城市、都市、国家等完全不借助共同体的概念也能获得清楚的内涵与外延；更主要的是，社区或共同体的地域性与其说是一种保守陈旧的性质，不如说显示了人仍然是划分边界的动物。[⑥]

本书中所使用的共同体概念倾向于较为传统强调地域因素的共同体概念，即成员之间有着亲密的互动、面对面接触的小型地域共同体，共同的生活方式、文化传统和价值观念使得成员间有着较多合作与互助，从而形成相互认同和紧密联系的情感纽带。

---

① Day, Graham, *Community and Everyday Life* , London and New York: Rout ledge, 2006.

② ［英］齐格蒙特·鲍曼：《共同体》，欧阳景根译，江苏人民出版社 2003 年版。

③ ［美］丹尼尔·贝尔：《社群主义及其批评者》，李琨译，生活·读书·新知三联书店 2002 年版，第 96 页。

④ 吴慧丽、韩洪涛：《论社会学对共同体概念的解构与分析》，《洛阳理工学院学报》（社会科学版）2012 年第 2 期。

⑤ 毛丹：《村落共同体的当代命运：四个观察维度》，《社会学研究》2010 年第 1 期。

⑥ Day, Graham, *Community and Everyday Life*, London and New York: Rout ledge, 2006. 转引自毛丹《村落共同体的当代命运：四个观察维度》，《社会学研究》2010 年第 1 期。

2. 中国村落的共同体性质

滕尼斯将村落看成是血缘共同体的重要类型，马克思则将村落称为自然共同体。对于工业社会前的村落，多数学者倾向于将它们归为共同体的范畴。然而对于中国村落的共同体性质，却一直存在争议。早在20世纪40年代，日本学者便开展了一场关于中国村落是否具有共同体性质的论争，他们多以满铁调查材料为依据，却得出了相反的结论。

共同体肯定论者认为中国村落是具有高度内聚的村落共同体，主要以平野义太郎和清水盛光为代表。平野义太郎着重从村落组织和村民互助两个层面，论证中国村落的共同体性质。他认为中国村落中的“会”不同于政府组织，而是村民自发形成的自治合作组织，“会”往往以村庙为中心，村庙主神信仰成为村落内聚的重要基础。此外，在农耕生产、治安防卫、仪式节庆、祭祀信仰等方面，村民亦存在互助合作，拥有共同遵守的道德规范。[①] 清水盛光虽然也是共同体肯定论者，但和平野义太郎不同，他不着重考察实体组织，而是深入村民意识和感受层面，寻求共同体性质。他认为中国村民之间存在着一种自然的亲和感，在世代累积的血缘和地缘关系基础上，生发出富有义务感的互助与合作，从而形成村落成员间的自律性连带，这正是村落共同体意识的自然体现。[②]

共同体否定论者以戒能通孝和福武直为代表。戒能通孝认为村落共同体应有清晰的地理边界，而中国村落没有村界。村干部和村民之间关系松散，村干部不能代表村民利益，村民也未形成对村干部的认同和精神支持，他们之间往往是支配者与被支配者的关系，中国村落不具有紧密联系的共同体性质。[③] 福武直同样也指出，中国村民的村界意识淡漠，相对而言减少了村落的封闭性和排外性，村干部缺乏为全体村民谋利益的责任感。此外，他还从阶层关系、村集体财产、集体活动、公共事业、村民合作、宗族等方面阐述了中国村落的非共同体性质。他指出经济水平的分化，地主和贫农之间存在剥削和压迫，减少了村落的凝聚力。即便有集体财产，更多是为宗族所有，属于全村的财物极少。尽管也有一些集体活动，但并不是全体村民都参加，修路、挖井、兴修水利等公益事业也较

---

① ［日］平野义太郎：《大亚洲主义的历史基础》，河出书房1945年版。

② ［日］清水盛光：《中国社会研究》，岩波书店1973年版。

③ ［日］戒能通孝：《法律社会学诸问题》，日本评论社1943年版。

少。村民之间虽然存在合作，但多在小范围展开，且多建立在合理打算的基础上。一村中多姓宗族的存在，往往带来村内竞争和冲突，影响了村落内聚和统一性。他同时也承认，村民在看青、防卫、求雨、教育、救恤、婚丧嫁娶、祭祀等方面的合作，存在集团意识，但缺乏像日本村落那样高度的统一性和约束性，所以不能称为村落共同体，而只能称为生活共同体。此外，他还对华北村落和华中村落的共同体属性作了比较，他认为前者的集团性强于后者，但仍不能称之为村落共同体，后者则完全不具有共同体性质。①

这场争论一直延续到20世纪后期，以共同体否定论者居多。村松祐次认为，中国村落的团结力相对薄弱，缺乏像日本村落那样的协同感，村领袖缺乏权威和能力，对村落成员的保护非常有限，他们往往根据利益、亲疏、情境来决定和普通村民的关系。村落生活缺乏确定的规则来规范地主、自耕农和雇农的行为及其关系，共同体成员间关系存在不平等。② 古岛和雄与河地重藏也否认了村落共同体的存在，他们倾向于认同乡共同体的存在。古岛和雄指出中国的自然村边界不清晰，难以形成生产上的地域结合，行政村同样不具有地域结合的契机。反而是农村集贸市场，能连接周边多个相邻村落，形成地域社会。③ 河地重藏认为中国农村体制的构成单位不是村落，而是以商业城镇或县城为中心集合周边村落形成的小地方市场圈，村落虽有公用土地，但其作用并非不可或缺；看青和村界不过是近代以后发展起来的。地主和佃户之间只存在土地租用关系，不存在人格上的支配关系。④ 旗田巍认为近代以前中国村落没有村界，村落的排外性也不明显，比如打叶子、拾落穗等活动并不排斥外村人进入。但取得村民资格的难易因村庄而异。一些村庄内部合作遭到极大破坏，取得村民资格较容易，一般只需由人引荐，或是表示愿意在村中居住一段时间即可。另一些村庄获取村民资格则较严格，要求新来者拥有土地和房屋，有的则要求在该村拥有坟地。旗田巍认为第二类村庄内聚性较强，具有紧密的血缘

① ［日］福武直：《中国农村社会结构》（福武直著作集第9卷），东京大学出版会1976年版。

② ［日］村松祐次：《中国经济的社会体制》，东洋经济新报社1949年5月版，第150页。

③ ［日］古岛和雄：《旧中国的土地所有及其性质》，《中国农村革命的展开》，亚洲经济研究所1972年版。

④ ［日］河地重藏：《毛泽东与现代中国》，密涅法书房1972年版。

关系。但随着社会变迁，第二类村庄会向第一类村庄转化。[①] 石田浩和福武直持相同观点，认为中国村落仅是生活共同体，而不是村落共同体。因农业生产可能存在的困境和共同面对外部压力的需要，因而产生协作，但村落公有地极少，在形成共同体上并未发生作用。[②] 久保田文次认为中国村落不具有日本近世的村庄自治机能，因而不具有共同体性质。[③]

共同体肯定论者也不乏其人。柳田节子认为，中国宋代的村落形成了地缘性的村落共同体。[④] 仁井田升认为革命前的中国村落属于共同体，共同体的主要功能是保证农民再生产，规定统治阶层与被统治阶层之间的权利支配关系。宗族村落的共同体意识要强于一般村落，因为宗族在保护农民利益上发挥了重要作用。[⑤] 内山雅生通过考察华北农村社会的看青、打更、搭套等行为，认为至少华北农村中存在着村落共同体。他认为无论在江南还是华北，中国都存在村落共同体。他批评了一些学者将阶级对立和压迫作为共同体不存在的依据，指出史料中对地主和农民在生产和公共事务中的合作多有记载。在宋代江南圩田地区，在圩岸修筑之类的当口，地主从事精神劳动，组织众人之力，监视与指挥佃户与自耕农承担物质劳动，精神劳动与物质劳动相互交融。共同体诸关系（生产诸关系）同时是阶级诸关系，统治诸关系同时是共同体诸关系，不是在这种“共同体”的两面性中二者择一，而是加以统一的把握。此外，他还援引史料和满铁调查资料，指出看青和村界在历史上就存在，并非近代以后才有。村民在疏浚井水、畜力借贷、农业生产上有许多合作和共同行动。共同体否定论者往往只看到阶层对立，而没有看到他们之间的相互依存。

关于中国村落的共同体性质，日本学者为何会莫衷一是，旗田魏有过深刻的分析和批评。他认为共同体肯定论者和否定论者背后暗含各自的政治立场，前者主张建立“大东亚共荣圈”，因而努力在中国社会寻求和日本相同的乡土共同体结构，为殖民主义提供理论依据。后者则主张“脱亚入欧”，强调中国社会不具有像欧洲和日本那样的村落共同体。否定论

① ［日］旗田魏：《中国村落与共同体理论》，岩波书店 1973 年版，第 57—174 页。

② ［日］石田浩：《中国农村社会经济结构的研究》，晃洋书房 1986 年版。

③ ［日］久保田文次：《中国古代国家的变质与社会权利》，《历史学研究》第 664 号。

④ ［日］柳田节子：《乡村制的展开》，岩波讲座《世界历史》1970 年版。

⑤ ［日］仁井田升：《中国同族或村落土地所有制问题——宋代以后的所谓“共同体”》，《东洋文化研究所纪要》第 10 册，1956 年版。

者在方法论上也存在缺陷，不考虑中国社会的独特历史品格，完全以日本或德国为标准，来判定共同体性质。相对于中国村落，日本村落的地缘关系更为紧密。由于长子继承家族财产，其他子女往往到城市谋生，因而村落生活更多需要依赖地缘关系，“正是家与家之间强有力的结合关系扩展和覆盖了整个村落，才形成了村落整体的共同利益和统一规范。村有土地和共同财产作为强有力的物质基础维持和强化着村民的共同归属意识。正是这些条件的综合作用使日本村落中的地缘关系得以维系，村落得以长久稳定地发展”[①]。中国没有长子继承制，且聚族而居，因而血缘关系相对更为紧密，但并非没有地缘关系，且血缘关系和地缘关系往往相互融合。只是它们的形成机制和表现形式不同于日本，有中国文化的特色，且因地域差异，形成不同的村落结合品格。日本学者往往在本国村落经验上形成固定的抽象共同体概念，以此来衡量中国村落的共同体属性，无疑值得商榷。从来都没有一个抽象的、标准的共同体，应结合共同体的历史性格，共同体所处地域社会基盘的差异来探讨共同体。[②] 不可否认，这场争论背后有浓厚的日本帝国主义侵略色彩，但它在挖掘中国村落社会集团性和个体性上做出的开拓工作不容忽视，这些研究成果在理论和实证上达到的水平，很难说已为今人所超越。[③] 他们在研究中所引入的中日社会的比较视角，对我们从制度和文化层面上认识中国社会亦提供了启示和帮助。

除日本学者的研究外，黄宗智、杜赞奇、张思等学者也有相关探讨。黄宗智将村落共同体之争和小农研究的实体主义和形式主义传统相联系，他认为华北平原的村庄，同时具有形式主义、实体主义和传统的马克思主义在各自分析中所突出的三种特征。总体来说，华北村庄在革命前是一个闭塞、紧密的共同体，这和华北农村居住集中、阶层分化不明显和宗族影响力较弱有关，但村庄内部同时又存在分化与对立。进入近代以后，伴随村庄的经济和社会结构变化以及所遭受外来势力性质的不同，村庄的共同体性质呈现出不同的状况和变迁。黄宗智将研究的村庄分为三类：第一类是紧密封闭的村庄。这类村庄宗族关系和邻里关系都较为亲密，另外全村性的组织、宗教性的乡社、为抵御盗匪建立的自卫组织红枪会、求雨组织

---

① 李国庆：《关于中国村落共同体的论战——以“以戒能—平野论战”为核心》，《社会学研究》2005 年第 6 期。

② ［日］旗田魏：《中国村落与共同体理论》，东京岩波书店 1973 年版，第 176—177 页。

③ 张思：《近代华北村落共同体的变迁》，商务印书馆 2005 年版，第 31 页。

都是增强村落整体性的力量。第二类是部分无产化的村庄。黄宗智认为这一类村庄原来也是紧密的共同体，但因为村庄中阶层的分化和小农的半无产化，村庄共同体具有解散的趋势，村中集体活动减少，宗族解体，连祖坟地都成为商品，只租给出价最高者，而不问亲疏内外。第三类是分裂了的村庄。这一类村庄因为战乱，土地贫瘠，人口流动性较大，有条件的人都移居村外，穷苦的人则外出谋生，去关外从事仅能勉强维持家庭生活的学徒、苦力、商店伙计之类的工作，导致村庄的高度分裂。这三类村庄显示出两种主要的演变形式，以自耕农为主而生活又比较稳定的村庄，在对抗外来威胁时表现得比较紧密内聚；反之，村中大部分小农都已经半无产化了的村庄，在面临外来威胁时，就比较容易崩溃。①

杜赞奇和黄宗智一样，探讨村落共同体时区分了村落类型，并引入变迁的视角。他将华北村落分为宗族型和宗教型两类，同时对宗族和宗教又做了深入细致的划分。在探讨华北村落的共同体性质时，他较为关注乡村中的排外现象以及本村人和非本村人的关系，将其视为掌握华北乡村合作性质的关键。他认为不应把红枪会等自卫组织视为封闭的表现，因为这些自卫组织是联庄组织的一部分，是文化网络中村庄联合为更大组织中的一环。近代国家政权建设带来的村政权的正规化、划定村界、稳定税源，并未促进封闭的合作实体的产生及增强村落内聚，这是因为活跃的土地市场带来了村界的模糊，村政权的正规化却导致村落道义权威的削弱。杜赞奇尽管承认进入20世纪后，村庄越来越成为下层合作的中心，但他不倾向于将华北村庄称为自我封闭的共同体，他认为这样会忽视文化网络中村民之间以及村庄与外村人之间千变万化的组织及人际间的关系。一个社区的集体意识是一个十分复杂而且矛盾的现象，在同一机体或行为中，合作与竞争往往并存，因而简单概括为“紧密”、“封闭”往往会引起误解。②

相对于国外学者的热烈探讨，国内学者正面回应共同体论争的不多，张思是其中的代表。他通过农耕结合习惯的历史人类学考察，探讨近代华北村落共同体的变迁，指出近代经济社会变迁之下，传统村落共同体成员的友爱互助伦理呈现出日益崩坏之势。他的重点不是继续昔日那场学术争论，而是尝试透过对村民结合的研究，去接近旧村落共同体社会中的公和

① ［美］黄宗智：《华北的小农经济与社会变迁》，中华书局2000年版，第21—22页。

② ［美］杜赞奇：《文化、权力与国家》，江苏人民出版社2006年版，第152—153页。

私两个侧面，去观察这两个侧面的实在形态以及在近代社会的演进和张扬，进而把握该时代中国农村社会的性格。他认为千百年来乃至近代，中国农民兼有小私有经营者和村落共同体成员的双重性格，既不乏个人利益的计算，又遵循着互助友爱的共同体道德规范。[①] 张思的观点在国内学者中具有一定代表性，即主张从两面性去把握中国村落的性质，而不是做简单的非此即彼的一元论式判定。至此，对于中国村落是否具有共同体性质的探讨基本告一段落，之后的研究很少做村落是否是共同体的判定，而是探讨村落内部合作、结合的形式和特征。

3. 中国村落的结合基础

尽管对中国村落的共同体性质存在争议，但多数学者都不否认中国村落内部存在多种结合，即便不存在像西欧和日本那样的村落共同体，也存在着生活共同体。国内学者，尤其是社会学、民俗学和人类学的学者倾向于将传统时代的村落看成是守望相助、紧密团结的村落共同体，他们考察的重点不在论证中国村落是否具有共同体的性质，而是探求中国村落的结合基础，即作为自然聚落或行政单位的村落依靠怎样的内在机制联结成一个紧密的村落共同体或生活共同体。

宗族被认为是连接村落成员的重要纽带之一。尤其在单姓宗族村落中，共同的祖先意识和血缘关系使宗族成员集团化，聚族而居的传统和祠堂、族谱、族规、族产等物化符号强化了这种集团意识。林耀华所称“宗族乡村”，也即“同一祖先传衍而来的子孙居住在同一地缘团体”[②]，弗里德曼所说“宗族和村落明显地重叠在一起，形成的只有单个宗族的村落”[③]，都属于此类情况。多姓宗族村落，尽管存在马丁所说的宗族斗争或大宗族对小宗族的控制以及小宗族联合起来对大宗族的抗衡[④]，但同样存在宗族之间的合作以及小宗族对大宗族的依附，因而宗族不一定成为分化共同体的因素，也可能仍然发挥着增强村落内聚的作用。一些宗族械斗最终发展成村落之间的械斗，村落中大宗族的庙宇亦为小姓宗族祭拜，

---

① 张思：《近代华北村落共同体的变迁》，商务印书馆 2005 年版，第 7、8、353 页。

② 林耀华：《义序的宗族研究》，生活·读书·新知三联书店 2000 年版，第 1 页。

③ ［英］莫里斯·弗里德曼：《中国东南的宗族与社会》，刘晓春译，上海人民出版社 2000 年版，第 1 页。

④ Emily Martin, *The Cult of the Dead in a Chinese Village*, Stanford: Stanford University Press, 1973.

皆可说明多姓宗族村落中宗族依然成为村落联结的重要基础。

神明信仰是村落结合的另一重要基础，尤其在多姓村落和移民村落中，以村落为单位的祭祀圈成为组织和整合人群的重要力量。[①] 村落内聚落的土地庙、五道庙，以及村庙成为村民共同的信仰中心，围绕村庙开展的建庙、修庙、祭祀、请戏、宴请等活动，成为村落的重要集体活动，也是村民认同的中心。杜赞奇考察华北村庄的宗教时指出，在晚清时期，许多村庄除以村庙为中心的宗教组织外，再无其他全村性的组织。[②] 超出村落的信仰组织一方面使村落和更大的地域社会相连，但并不一定成为分化村落共同体的力量，因为他们祭祀超村界的神灵时仍以村落为单位。华北数个村落往往共享一个祈雨中心，各村派代表共同祈雨或以村落为单位单独祈雨。在朝觐更大区域的神灵时，往往存在以村为单位的敬香组织。

水利、防卫和治安等生存之需是村落共同体联结的重要动力，比之宗族和信仰，它们的区域差异性和变动性更大。灌溉农业区比旱作农业区可能更需要水利协作，华北的水利工程主要由庞大的水利工程和微小的水井组成，长江三角洲和珠江三角洲则介于二者之间。华北平原的居民在高地建屋聚居，以集体对付洪涝，村际关系密切；成都平原早在公元前 3 世纪就建置都江堰，克服了岷江水患，这里的居民，只选择最便于到田间耕作的地点建屋，形成了分散的居住模式，村际关系疏远。[③] 杜赞奇认为：水利组织是权力的文化网络中的一环，闸会往往超越村庄和市场，闸会管理人员往往是各村的代表，势力强大的村庄往往在闸会中处于主导地位，能控制其他村庄。与闸会并行的供奉龙王祭祀体系，往往以村落为单位进行，几个村落也可能结成小集团共同祭祀，但祭毕各村的会首会单独会餐。[④] 闸会有多个层级，且不断出现分裂与组合，但村落是最为重要而稳定的层级。

20 世纪前期，华北许多地方成立了红枪会、天门会、联庄会等乡村武装组织，以抗击日寇、溃兵和土匪。裴宜理认为 20 世纪 20 年代和中

---

① 林美容：《由祭祀圈来看草屯镇的地方组织》，《中央研究院民族学研究所集刊》1988 年。

② ［美］杜赞奇：《文化、权力与国家》，王福明译，江苏人民出版社 2006 年版，第 86 页。

③ ［美］黄宗智：《华北的小农经济与社会变迁》，中华书局 2000 年版，第 53—63 页。

④ ［美］杜赞奇：《文化、权力与国家》，王福明译，江苏人民出版社 2006 年版，第 17—20 页。

日战争期间的红枪会，主要是村庄共同体的自卫组织。它的起源，是个别村庄中的会首和其他殷实人家为抗拒土匪而发起的自卫组织。[①] 红枪会组织往往跨越村落，但主要目的是练武保村，加上和宗教信仰相连，对村落集体意识的形成和凝聚力起到了重要作用。[②] 旗田魏和杜赞奇的研究均注意到近代青苗会的成立，促使村界的形成，使村庄在历史上第一次成为一个拥有一定领土的实体，而之前中国的村落无清晰的村落边界。[③]

生产生活互助是村落结合的根本基础。长江下游和珠江三角洲的渠道灌溉和围田工程需要较多的人工和协作，华北村落犁地时使用较多的畜力，需合伙搭套，合伙对象并不限于同族，和邻居或同村的朋友搭伙的情况也很多。[④] 为了应对时常发生的劳动力、畜力、农具、资金的不足，防范突然袭来的灾害、自身社会地位的下降以及破产等不测，村民们深切感受到与村落其他成员之间相互扶助的必要性，近世“北方村落间，多结为锄社，以十家为率，先锄一家之田，本家供其饮食，其余次之，旬日之间，各家田皆锄治。自相率领，乐事趋功，无有偷惰。间有病患之家，共力助之。故田无荒秽，岁皆丰熟。秋成之后，豚蹄盂酒，递相犒劳”[⑤]。到近代，农耕合作的规模虽然变小，多在两三户农家进行，但仍存在着多种农家间的农耕结合，除了搭套之外，还有劳动力与劳动力、劳动力与畜力、畜力与畜力间的换工，有役畜和农具的无偿借用，以及代耕、帮工、伙养役畜、共同租种、共同雇工等形式。[⑥]

生活互助主要集中在盖房、借款、人生礼仪等领域。华北平原过去一般全村合力盖房，这种习俗一直持续到20世纪80年代。黄宗智在1980年访问沙井村时发现，村里有人盖新房，全村出动约100人工，屋主负责大家每日3顿的伙食。华中农村居住分散，村民盖房时虽不是全村出动，但同一湾子或同坝的村民会主动帮忙。[⑦] 当村民急需用钱或筹措做生意的本钱时，不一定只是从家族中寻求帮助，一些农村设有钱会，村民可缴纳

---

① ［美］黄宗智：《华北的小农经济与社会变迁》，中华书局2000年版，第255页。

② ［美］杜赞奇：《文化、权力与国家》，王福明译，江苏人民出版社2006年版，第91页。

③ 同上书，第143页。

④ ［美］黄宗智：《华北的小农经济与社会变迁》，中华书局2000年版，第244—245页。

⑤ （元）王桢：《农书》卷3《锄治篇第七》。

⑥ 张思：《近代华北村落共同体的变迁》，商务印书馆2005年版，第51—52页。

⑦ ［美］黄宗智：《华北的小农经济与社会变迁》，中华书局2000年版，第230页。

一定资金入会，然后从会中借钱。钱会成立的基础是共同体成员相互信任，有无相济的道德规范，同时再产生乡里感情，化除猜忌，养成互助精神。[①] 一些宗教会社有时也能提供借贷。《中国农村惯性调查》中记载山东省的后夏寨村设有泰山老母会，这是一个宗教性乡社，每月初七集会。会员每月缴 1 毛钱，除用作祭拜泰山老母外，也用来贷给急需的会员。节庆和人生礼仪是维持和再生产社会圈子的主要途径，它们也是社会圈子赖以划定边界、解说亲疏关系、展示互助团体力量的途径。[②] 村民办红白喜事，来帮忙的不只是宗亲，还有左邻右舍和同村关系好的老乡亲，请客范围不止于亲朋好友，一般同一湾子的老乡亲都要请到。直到 20 世纪末许多农村还保持同一生产队或村民小组互助的习俗。过去华北春节拜年，除了给宗亲拜年，还要给同村的老乡亲拜年，几乎家家都要拜到，平日的小矛盾也会在此时化解。

村中公共事业也是村落结合的重要基础。清水盛光认为联系村落的纽带，不论血缘，还是地缘，在其住民为实现共同目的而团结起来从事公共事业时，如要命名，就可以把这种协同生活叫做广义的村落自治。[③]《满铁调查资料》中奉天府金州乾隆六十年（1795）的史料记载着大小道路、牧场、赶牛道、井水、泥场系村落共有，其中井台对于农民生命的再生产是不可或缺的。无论公井、私井，“疏浚井水三年一次，三、四月间全村村民任其事”[④]，修筑工作是由全体村民共同进行的。[⑤] 官碾官磨、村落花会所需行头、修桥铺路均由村民共同出资出力，富裕家户相对会多出钱粮。

一些学者从变迁的角度考察了村落结合的变化。如王加华探讨 20 世纪初美棉的推广对近代华北乡村社会的影响，指出在美棉引种、种植、竹理、收获及棉花销售的过程中，引种和销售两个环节加强了村庄对外界的依赖，改变了华北乡村社会的封闭状态，但从种植到收获各个环节中的生

---

① 李景汉：《定县社会概况调查》，中国人民大学出版社 1986 年版。

② 王铭铭：《村落视野中的文化与权力》，生活·读书·新知三联书店 1997 年版，第 171 页。

③ ［日］清水盛光：《中国社会研究》，岩波书店 1939 年版。

④ 中国农村惯行调查刊行会：《中国农村惯行调查》第 1 卷，岩波书店 1952 年版，第 16、17 页。

⑤ ［日］丹乔二：《试论中国历史上的村落共同体》，虞云国译，《史林》2005 年第 4 期。

产联合则基本上局限于村庄内部，仍保持着传统的内聚性。[①] 张志超探讨了英租时期花生的推广对威海乡村社会的影响，同样也谈到内聚和开放的双重作用。[②] 王建革区分了华北乡村社会内聚有许多类型，例如有的属于亲和内聚，如家族、邻里之间的关系；有的属于强制内聚，这一般指由村政府领导下的团体组织，如看青会等；有的属于生产联合型内聚；有的属于消费型内聚；有的则属于民间信仰、宗教信仰等类型的内聚，如求雨时的摊钱和集会游行，迎神赛会等。在此基础上他重点探讨了生态压力带来的拾荒的破坏、偷盗等因素对乡村亲和内聚力的削弱以及传统文化网络中的民间信仰，如祈雨、对各种自然神的崇拜等活动对社会内聚的影响[③]。

综上所述，已有研究对中国传统村落的共同体性质和合作基础做了深入细致的研究，不同村落因地理环境和村落社会经济状况的差异，在共同体性质和合作基础上呈现出不同的特征和内涵。但就中国广袤的农村而言，这些结论的适用范围仍很有限。中国的村落类型多种多样，已有研究对村落类型的划分只是着重参考了水利、宗族状况、宗教、村落阶层分化状况、经济水平、地理位置等因素，而对于决定村落类型的另一重要因素——生计方式没有给予过多考虑。对水利的重视意味着更多地考虑灌溉农业和旱作农业的特征，而对于手工业村落乃至商业村落没有深入探讨。福武直认为对农村社会的考察应回到最基本的经济活动，以及由此而产生的群体和社会的关系。[④] 对村落共同体性质和合作基础的考察也应关注中国传统乡村社会最基本的生产活动，不仅只关注农耕，而且应关注作为中国农村经济重要组成部分的手工业。费孝通在探索中国农村社会发展道路时，将手工业村落作为重要的村落类型之一，中国乡村社会的手工业生产依赖怎样的社会制度和社会关系而产生？又会再生产何种社会关系和社会组织？手工业村落的村落共同体性质具有怎样的特征？这些问题非常值得探究，同时有益于更全面地把握中国村落的共同体性质。

探讨村落共同体性质时，还应关注村民的共同意识，这种共同意识不

---

① 王加华：《内聚与开放：棉花对近代华北乡村社会的影响》，《中国农史》2003 年第 1 期。

② 张志超：《内聚与开放：花生对英租时期威海乡村社会的影响》，《江西财经大学学报》2009 年第 1 期。

③ 张建革：《近代华北乡村的社会内聚及其发展障碍》，《中国农史》1999 年第 4 期。

④ ［日］福武直：《中国农村社会结构》，东京大学出版社 1976 年版，第 31—32 页。

一定通过实体组织来维持，而是表现为村民之间的亲和意识和日常生活中带有义务感的互助行为。[①] 已有研究对村落实体组织和集体行动，有较多深入考察，而对实体组织之外的村民亲和意识和协作行为探讨不多，即便有所探讨，也较为零碎，缺乏深入细致的个案研究。本书尝试以一个从事荆条编织业的手工业村落为个案，考察缺乏集体经营制度的乡村手工业与村落共同体之间的互动，以期增进对中国传统村落共同体属性和联结机制的认识。

（二）手艺研究的多种视角

荆编在手工业分类中属于编织业，但在民间人们更倾向于将它称为“手艺”，而在沿村，人们一般不说荆编，而称之为编筐。在已有学术概念的分类体系中为编筐寻找定位时，笔者发现与编筐相关的概念有手工艺、手工技艺、手工业、手艺四个概念，这四个概念在内涵上有重叠和交叉的部分，但在概念的使用上又体现了不同的学科视野和研究立场：艺术学更多地立足于工艺的视角；科技史更为关注手工技术；经济学习惯从产业的角度进行考察；手艺这个概念则更多地体现了民间的立场。日常生活中人们使用手艺这个词时，更多的是与民间工匠相联系，那些走家串户的民间工匠或者说是手艺人正是依靠手工技艺来谋生。但在使用这些概念时，各个学科之间并不存在一个清晰的界限，除经济学研究习惯使用手工业这个概念外，其他的学科，如艺术学、科技史学、民俗学等学科实质上都在混同地使用这些概念，尤其是在近年来人文社会科学的反思思潮和学科间交流的影响下，学者们似乎更多地倾向于使用手艺这个词，比如说杭间的《留住手艺》、潘鲁生的《手艺农村》。尽管他们所指的手艺与原有手工艺的概念内涵并无多大差别，或者说他们只是将手工艺简称为手艺，但使用手艺这个称呼却代表了手工研究中的一种新的取向和立场，即民间的立场。而原有手工艺研究则更为关注那些具有高度技巧性、艺术性的手工，如挑花、刺绣、缂丝等，而现在民间的各种手艺也开始纳入他们的研究范围。

杭间在读到日本作家盐野米松的《留住手艺》时不无感叹地说：“我在看惯许多千篇一律、浮于表面的盛赞某个地区或某位大娘的民艺作品的

① ［日］清水盛光：《中国社会研究》，岩波书店 1939 年版。

文章后，读到盐野米松以访谈为主，原汁原味记录日本最古老的手艺人的文字，意识到这也许是中国的传统研究所缺乏和亟须扎实去做的东西。”因而他强调了手艺研究中本土知识体系的重要[①]，也即是说从日常生活和手艺人的视角去理解手艺。受柳宗悦的民艺思想和日本民艺运动的影响，中国的艺术学领域出现了一门新的分支学科“民艺学”，潘鲁生长期致力于中国民间工艺美术的考察与研究，他的《民艺学论纲》和《民艺学概论》可谓是这方面的拓荒之作。尽管他这里的民艺是一个广义概念，除了指称民间工艺之外，还指称民间艺术、民间美术、民间技艺，范围远大于柳宗悦所界定的“民众的工艺”的范畴，但在学术思想上却保持了与柳宗悦的一致性。柳宗悦强调民艺的实用性和民众性，指出民艺是为普通民众的日常生活而生产的实用品，其制作者和使用者都是广大民众，民艺不是纯粹的艺术欣赏品，而是生活的工艺。[②] 潘鲁生也强调了民艺的这种生活性，在阐述民艺学研究的学术取向时，倡导作为生活整体的过程研究方法。[③]

相比而言，以民间立场为学科出发点的民俗学领域，反而没有像艺术学领域那样强调手艺与民众生活的关联，在物质民俗研究相对薄弱的环境下，或者说在博尔尼女士将民俗理解为“引起民俗学家注意的，不是耕犁的形状，而是耕田者推犁入土时所举行的仪式；不是渔网和渔叉的构造，而是渔夫入海时所遵循的禁忌；不是桥梁或房屋的建筑术，而是施工时的祭祀以及建筑物使用者的社会生活”[④] 的影响下，民俗学的手工技术和技艺研究更多地停留在对“俗”的关注上，重在考察民间的匠作习俗和技艺中的民俗内涵，而且在研究对象的选取上，并没有彻底地贯彻“民”的立场，而是更多地关注像年画、剪纸、窗花、刺绣、制瓷、石雕、织锦、印染那些拥有更多审美价值、更高技术含量和更丰富民俗内涵的手工技艺。自高丙中提出民俗事象研究和民俗整体研究两种学术研究取向后[⑤]，不少研究尝试从生活整体的视野，尤其是结合村落整体生活的语

---

① 杭间：《手艺的思想》，山东画报出版社 2001 版，第 318—323 页。

② 朱培初：《日本民艺运动的倡导者——柳宗悦》，《装饰》1990 年第 4 期。

③ 潘鲁生：《民艺学概论》，山东教育出版社 2002 年版，第 15 页。

④ ［英］查·索·博尔尼：《民俗学手册》，程德祺等译，上海文艺出版社 1995 年版，第 48 页。

⑤ 高丙中：《民俗文化与民俗生活》，中国社会科学出版社 1994 年版，第 103 页。

境，探讨口头叙事、仪式、庙会、亲属关系、生产技术、民间艺术等民俗事象在实际生活中的运作和展演，近年来民俗学专业的博士论文在这方面表现了更为明显的倾向。但这种研究倾向似乎没有太多地影响到物质民俗尤其是生产技术民俗的研究，由此看来从生活整体的视角来研究手工技术民俗仍是一个需要开拓的领域，本书将尝试在这方面做一些探索。

国内关于手艺的研究，总体来说概论性的编著较多，而研究性的专著比较缺乏，从研究视角来分，基本上可以归为四类：

第一类，侧重从技艺的角度进行研究，内容涉及手艺的制作工序、艺术特色、技艺的历史、变迁、传承等方面。王冠英的《中国古代民间工艺》对古代实用类和玩赏类民间工艺，如织锦、印染、编结、编织、木雕、年画、剪纸的历史、产地和特色作了概述。[①] 蔡成在《地工开物——追踪中国民间传统手工艺》一书中，真实地记录了打铁、补锅、制秤、手磨豆腐、竹编、锔碗、榨油、剪纸等老手艺的制作工序。[②] 张金庚的《山东民间编织考略》从出土文物和古代文献资料中考证了中国古代编织技术的历史，并对山东民间编织近百年的发展历程作了具体考察和分析。[③] 赵金萍的《傣族竹制手工艺的保护与传承》、桑童的《贵州侗布制作技艺的传承与发展》、赵晓楠的《芦笙的制作与芦笙工匠的传承》对传统手工技艺的传承方式、保护形式均给予了深入思考。另有不少非物质文化遗产保护视角下传统手工技艺保护和传承的研究。如彭兆荣、Nelson Graburn、李春霞的《艺术、手工艺和非物质文化遗产：动态中操行的体系》，傅丽的《传统手工艺类非物质文化遗产的当代传承与振兴——以杭州运河区域的实践为例》，顾浩的《本真与嬗变——对作为非物质文化遗产的手工艺技术意义的再反思》等。

第二类，着重从手工业的角度来研究，内容多涉及生产原料、产品类别、产量、生产方法、市场销售情况。近代乡村经济研究中多有对手工业的调查。如建设委员会调查浙江经济后写的《浙江沿海各县草帽业》、俞醛芬的《富阳县毛竹造纸调查》、张人价的《湖南之鞭炮》。抗战时期，随着高校的南迁，一些社会学家也对乡村手工业经济给予了关注，比较有

① 王冠英：《中国古代民间工艺》，商务印书馆1997年版。

② 蔡成：《地工开物——追踪中国民间传统手工艺》，上海三联书店2007年版。

③ 张金庚：《山东民间编织考略》，《民俗研究》1991年第4期。

名的有张之毅的《易村手工业》。1939 年，费孝通和张之毅一起来到云南易门县一个以手工业著称的农村——易村，拟订调查计划后由张之毅进行了 27 天的独立考察，对易村的造纸业和篾器编织业作了详尽剖析。在调查篾器编织时，对编织的原料、工具、技术、篾器的种类、一人一天编织的件数、竹料的成本、收益、盈利、编织时间、售卖方式均作了细致深入的考察。不过社会学者对乡村手工业经济的关注更多的是出于对乡村类型的分析，费孝通和张之毅的《云南三村》便是对农耕村落、手工业村落和商业村落三种类型村落的调查和研究，探讨的核心问题是乡村工业在农村经济结构中所占位置和乡村工业现代化的问题。[①] 彭南生的《半工业化——近代中国乡村手工业的发展与社会变迁》着重探讨了中国近代农村半工业化的特点和发展历程，剖析其原因，揭示其对农村社会经济变迁的作用，是近年来乡村手工业研究的力作。[②] 2012 年，德裔美国学者鲁道夫·P. 霍梅尔的《手艺中国：中国手工业调查图录（1921—1930）》中译本问世，该书为研究中国传统手工工具和器物留下了宝贵资料。[③]

第三类，侧重从匠作习俗的角度去考察。臧继骅的《中国淮河流域民间工匠习俗》一书，对淮河流域（涉及河南、山东、安徽、江苏等省）民间匠人的习俗与禁忌作了专门介绍，涉及铁匠、木匠、瓦匠、石匠、补锅匠、窑匠、柳编匠、漆匠、鞋匠、理发匠等十大匠行，匠人习俗 900 多条，相关条目共附有 30 个民俗传说故事，为匠作习俗研究提供了宝贵资料。[④] 郑瑞侠的《中国古代早期工匠神话解析》分析了工匠神话的缘起，指出原始工匠神话往往置于神灵谱系中，把古代先民的发明创造编排成人类自身繁衍的谱系，采用的是象征性的表述方式形态；而文明社会的工匠神话往往分为两类，一类是由人物崇拜或因误解而创造出的相应神话；另一类则是因对具体器物崇拜而创造的神话。[⑤] 董晓萍的《工匠集团——谈谈物质民俗（二）》从祖师信仰、行业组织、行话、行规、工匠技艺几个方面阐述了工匠集团特有的行业习俗。柯小杰的《荆楚木瓦工行话浅析》

---

① 费孝通、张之毅：《云南三村》，社会科学文献出版社 2006 年版。

② 彭南生：《半工业化——近代中国乡村手工业的发展与社会变迁》，中华书局 2007 年版。

③ ［美］鲁道夫·P. 霍梅尔：《中国手工业调查图录（1921—1930）》，戴吾三译，北京理工大学出版社 2012 年版。

④ 臧继骅：《中国淮河流域民间工匠习俗》，中国文史出版社 2001 年版。

⑤ 郑瑞侠：《中国古代早期工匠神话解析》，《东北师范大学学报》（哲学社会科学版）2004 年第 1 期。

对荆楚地区木瓦工姓氏、工具名称、称谓、生产、日常生活、见面交谈等方面的行话作了分类举隅，并从发生学的角度对其进行探析，指出行话背后蕴藏的祝贺、祝福 、避讳、禁忌等民俗心理。卢敦基所著《永康手艺人口述史》，通过访谈手艺人，展示了做簇、铸锅、钉秤、箍桶等传统匠作的技艺、习俗、行规以及拜师学艺生活等内容。①

第四类，侧重从日常生活的视角去研究。在《手艺的思想》一书中，杭间对民艺研究作了深刻反思。他指出："民艺的爱好者或是研究者，往往把民艺想象成一门经典的学科，是与那些文人画、宗教雕塑一样的东西，去考证去研究，而忽视了民艺首先是生活。"② 方李莉的《正在逝去的手艺——洛川县栖凤镇谷咀村考察》，在村落日常生活的语境中考察传统的剪纸、刺绣等手工制作，并结合手艺人的个人生活来探讨手艺在现代生活中的变迁。③ 黄静华的《手艺人民俗志：聚焦"非物质性"的工艺民俗研究》，倡导"整体性研究视角下，以手艺人的行为、知识和观念为焦点内容，能在塑造和表达非物质性特征过程中呈现工艺生活面貌的描述性和解释性的手艺人民俗志"④。潘鲁生在《关于构建中国"手艺学"的问题》一文中提到，要建立"手艺学"与相关学科的交叉联系，包括艺术学、民俗学、社会学、文化人类学等，从手艺在社会文化体系中的功能、价值、内涵出发，进行多元视野下的共同观照。注意手艺与日常生活及社会文化空间的深层联系，把握手艺与整体文化格局的联系。⑤不过就目前来看，这方面的研究更多地停留在方法论的倡导上，真正扎实的实践研究并不多。

相比而言，国外有关民间手工技艺研究的一些理论和方法很值得我们借鉴。柳宗悦是日本著名的民艺理论家、美术家和民艺运动的倡导者。他的《民艺学和民俗学》《工艺文化》《民艺和生活》《民艺之意义》《民艺图鉴》等著作对手艺研究颇具启发意义。尽管民艺概念和手艺并不完全相同，但比起手工艺、手工技艺等概念，民艺的概念更为接近手艺的本质

---

① 卢敦基：《永康手艺人口述史》，浙江人民出版社 2012 年版。

② 杭间：《手艺的思想》，山东画报出版社 2001 年版，第 47 页。

③ 方李莉：《正在逝去的手艺——洛川县栖凤镇谷咀村考察》，《民族艺术》2003 年第 1 期。

④ 黄静华：《手艺人民俗志：聚焦"非物质性"的工艺民俗研究》，《思想战线》2010 年第 5 期。

⑤ 潘鲁生：《关于构建中国"手艺学"的问题》，《山东社会科学》2011 年第 1 期。

和特征。柳宗悦将实用性视为民间工艺的首要本质，认为民艺不是纯粹的艺术欣赏品，而是和生活相结合，是平民大众在每日的日常生活中所使用的工艺品。因而他又称民艺为生活工艺，生活中的实用性是民艺的生命所在。此外，他还注意到民艺的劳动性和地方性，指出民艺的生产是农民或手工艺匠艰苦、勤勉、重复地劳动而制作成的，有的借以维持生活。持续不断地劳动，使农民或手工艺匠具有丰富的经验和熟练的技艺，无论是农民，或是手工艺匠，他们在劳动中往往充满艺术创造的喜悦，具有责任感和良好的职业道德，保证了工艺品品质优良。民艺具有浓厚的地方特色，是民间工艺的又一本质，这取决于当地的材料、地理环境、历史和文化传统、民间习俗等。封建社会时期，各地都采取了保护地方产业的政策，同时每个地区的手工艺匠的家族们为了保守技术上的秘密，保护自己的独特技艺，采取家族世代相传秘不外传的方式，这使民间工艺的地方性更为突出。① 柳宗悦对民艺实用性、劳动性和地方性的强调一方面在民艺和艺术家工艺之间划分了清晰的界限，另一方面也拓展了已有工艺研究的视角，使工艺研究不仅关注到工艺的审美、技术等因素，也关注到工艺制作过程中体现的制作者的情操和道德以及工艺与生活、工艺与地方社会的关联。这些对于本书的手艺研究很有启发，本书尝试从手艺与地方社会生活的关系中发掘手艺之中的手艺人和地方社会的本然意义。

美国民俗学界在手工艺研究方法上有较为深入的探索。迈克尔·欧文·琼斯在《手工艺·历史·文化·行为：我们应该怎样研究民间艺术和技术》一文中对美国民俗学领域中的手工艺研究方法作了系统梳理，指出研究日常生活中人们制作和使用的物品的四种视角：（1）认为物质传统是历史手工艺品；（2）是可描述可传承的实体；（3）是文化的体现；（4）将制作和使用物品作为人类行为。文章从物质行为研究的理论背景出发，对第四种视角的研究内容和研究意义作了重点阐述。他认为在采访手工艺人时，应关注他们的个性、价值观、自我认知和抱负，了解他们怎样构思和制作物品、有关样式和设计的全部技能，各自的风格，消费者和评论者对他们和特定手工制品的态度，制作者和使用者赋与物品的意义等等。虽然手工艺品和物品本身非常重要，但是它们不应当凌驾于制造和使

① 朱培初：《日本民艺运动的倡导者——柳宗悦》，《装饰》1990 年第 4 期。

用它们的人之上。如果人类想象所产生的有形产品成为关注的中心，而它们所展现出来的观念、情感、需要和愿望却受到忽视，那么对这些手工艺品的欣赏与理解便会消失。因此，只有当制造者与使用者同物品构思、制作和使用的过程一起成为调查的对象而不只是手工艺品才是调查对象时，民间艺术研究才能彻底达到它的目的。[①] 就目前国内手工艺研究的现状来看，围绕前三种视角进行的研究较多，对第四种视角的探讨相对较少，因此从物质行为的视角，尤其是从制作者与使用者的互动中去考察手工艺仍是一个需要开拓的研究领域。

编筐是我国农村分布较为广泛的一种手工编织门类，另有编席、编草帽、编草鞋等其他常见门类。目前来看，关于编筐的文章多是介绍编筐的基本工艺或是为某地编筐业所写的一些广告宣传材料，还有一部分是围绕编筐手艺和手艺人所写的随感性文章，专门针对编筐而进行的研究极少。就笔者搜集的材料来看，以编筐为主要考察对象的研究性论文不超过百篇。如李国平的《“白柳之乡”柳编习俗调查研究》，该文考察了著名的“白柳之乡”——山东省临沭县白旄镇的民间白柳编织，着重对白旄柳编习俗的产生、传承与变迁进行研究，指出白旄柳编习俗在白旄人的生产生活、构建良好的生态环境以及在经济发展等三个方面发挥的民俗功能，并对白旄柳编习俗在现代社会中如何传承与变迁的问题进行思考（2005）。[②] 潘鲁生的《临沂柳编工艺产业调查》一文，从乡村手工业角度，对山东临沂地区柳编产业的资源、产品创新、生产组织形式、市场、收益和规模作了调查和研究。费怡敏的《青神竹编工艺研究》，在实地调查基础上对“中国竹编之乡”——四川省眉山市青神县的竹编工艺作了深入考察，详细介绍了青神竹编工艺的发展历史、工艺品分类、制作流程，并从竹文化和竹雕对竹编工艺的影响中挖掘竹编工艺的文化和精神内涵。[③] 孙凌霄的《山东和内蒙古柳编研究——以汉族和蒙古族为例》，通过比较山东和内蒙古两地柳编工艺特色并探讨柳编在当代设计中的价值。[④] 胡捷的《竹编

① ［美］迈克尔·欧文·琼斯：《手工艺·历史·文化·行为：我们应该怎样研究民间艺术和技术》，游自荧译，《民间文化论坛》2005 年第 5 期。

② 李国平：《“白柳之乡”柳编习俗调查研究》，西北民族大学 2005 年硕士学位论文。

③ 费怡敏：《青神竹编工艺研究》，苏州大学 2008 年硕士学位论文。

④ 孙凌霄：《山东和内蒙古柳编研究——以汉族和蒙古族为例》，内蒙古农业大学 2012 年硕士学位论文。

工艺在现代产品设计中的巧用》，站在现代社会变迁的视角，探讨如何用新的手法，设计出符合现代审美的竹编制品，从而使传统竹编工艺在现代社会中得以传承和发展。[①] 这些研究基本围绕技艺、习俗、文化和手工业等角度对编筐进行考察，较少从日常生活层面去考察编筐手艺与地方社会生活的关联。

三 研究方法与研究意义

（一）研究方法

本书是关于一个荆编村落的民俗志研究，主要使用的是生活整体研究法和标志性文化统领式民俗志的书写模式。关于生活整体研究的方法最初可以溯源到钟敬文先生对民俗与生活关系的阐述。钟先生认为民俗学研究的对象是一个国家或民族中广大人民的“生活文化”，这在一定程度上决定了生活整体研究成为民俗学研究的基本方法。在此基础上，高丙中受现象学“生活世界”这一概念的启发，提出了“以生活为取向，把民俗主体、发生情境和文化模式置于整合的过程中，把民俗当做事件来研究”的“民俗整体研究”的学术取向，以纠正和补充过往“以文化为取向，把民俗主题和发生情境悬置起来，把民俗事件抽象为民俗事象，把实际很复杂的语言、行为、物质等方面的民俗简化为文本、图式进行研究”的“民俗事象研究”的学术取向。高丙中认为从文化的角度研究民俗与过去的联系以及民俗的历史形态固然重要，但从生活的角度研究民俗与人生的关系则更为重要，因而倡导把民俗学研究的焦点从文化转向生活。[②] 这些思考突破了只见文化形式而不见社会实际生活与活生生的人的文化观，丰富和拓展了我们对民俗研究的意义。[③]

刘铁梁从整体文化的视角出发提出了“生活层面的文化”这一术语，关注到文化的流动性和文化在实际生活中生动而活泼的传承，从另一个层

① 胡捷：《竹编工艺在现代产品设计中的巧用》，景德镇陶瓷学院 2014 年硕士学位论文。

② 高丙中：《民俗文化与民俗生活》，中国社会科学出版社 1994 年版，第 109—110、169 页。

③ 刘铁梁：《“标志性文化统领式”民俗志的理论与实践》，《北京师范大学学报》（社会科学版）2005 年第 6 期。

面上论证了生活整体研究的必要。他认为生活层面的文化在一定意义上讲，并不是指民俗本身，而是指一种研究方法，也即是说强调从生活层面来理解民俗文化，注重观察文化流动的表观。所有文化，只要成为传统，它就或多或少地在生活层面有所表现。民俗研究的着眼点可能不在于划分文化的类别，而在于突破文本著述范围的限制，考察一种文化是怎样在实际生活中被活泼地运用与传承。民俗的一些特征，如集体性、传承性、变异性、类型性、规范性等，其实都来源于这个“生活性”。对于民俗文化而言，生活性是更根本的一个特征。①

研究者对于乡村手艺，艺术学、科技史学和经济学都给予较多关注，并取得了丰富的研究成果，但囿于学术分工和学科传统，他们的研究视野更多地集中在审美、工艺或经济领域，研究方法上虽然也注重实地考察，但更多地将实地考察的成果，用作宏观分析的资料。民俗学视野下的手工艺研究，在物质民俗研究相对薄弱的氛围下，侧重考察手工艺品的制作工艺、民俗内涵和手艺人的匠作习俗。近年来民俗学研究范式从事象研究向生活整体研究的转向，似乎更多地影响到对民间文学、庙会、信仰、民间艺术的考察，而没有过多深入到物质民俗研究中，反而是艺术学领域的一些学者，意识到从生活文化的视角考察传统民间手工艺的必要性。本书也是基于对这种必要性的认识，尝试从生活整体的视角进行乡村手艺的研究，也即是说不仅仅从技术或乡村经济学的层面考察手艺，而是将其还原到它原有的乡村生活脉络中，考察手艺背后人的行为、社会和文化，探寻手艺对于乡村社会的诸多意义和关联。

2004年，“中国民间文化遗产抢救工程”中的《中国民俗文化志》（县、区卷）项目试点工作在北京门头沟区启动，作为项目负责人的刘铁梁，带领北京师范大学的师生和地方学者一起，开展门头沟区民俗文化志的普查和编写工作，在不断地调查、研讨和写作中，逐步形成了“标志性文化统领式”民俗志的撰写理念，这一理念应用到朝阳区、宣武区、房山区、西城区等其他区、县的民俗文化志撰写中，并不断地被实践和检验，成为中国民俗文化志书写的统一模式。

所谓标志性文化统领式民俗志，是指从一个地方或群体的生活文化中

① 刘铁梁：《“标志性文化统领式”民俗志的理论与实践》，《北京师范大学学报》（社会科学版）2005年第6期。

筛选出体现一个地方文化特征、包含丰富和深刻意义的文化事象，以它来统领民俗志的写作，带起与之相关的其他民俗事象，进行综合记述。[①] 从某种意义上说，标志性文化统领式民俗志的写作即是对民俗志研究方式的一种实践，既然民俗志的书写是一项研究，必然要求书写者在写作过程中带有主动和自觉的学术追求，而不仅仅是在已有书写框架和体例中被动地填充或是丰富民俗资料。寻找标志性文化的过程不是一个简单的求异、求新或称之为猎奇的过程，而是充满调查者的深入思考和切身感知的过程。由于标志性文化在地方文化网络中处于重要结点的位置，因而对标志性文化的认知，实质上也包含对地方整体文化关系和结构的认识。标志性文化自身是历史形成的，在其形成过程中，地方文化甚至更大地域范围文化中的诸多结构和要素都起到了作用，标志性文化一旦形成，又会在文化再生产过程中影响到这些结构和要素。从这个角度来说，对标志性文化的关注不是关注某一个具体的民俗文化事象，而是关注整体的文化网络，因而书写一个地方的标志性文化统领式民俗志是一项富有挑战性的研究工作。

标志性文化统领式民俗志书写理念的提出，是适应当下时代不断提升的文化自觉意识和寻求自我文化个性的需要，也是关于民俗地方性特质思考的接续和深入。从学理上说，“标志性文化”的概念来源于对民俗文化地方性特征的认识，但在如何呈现地方文化特性上，刘铁梁强调用具体的文化现象来概括和理解地方文化特性的重要性，他认为标志性文化是对地方文化的具象概括，而非抽象概括。过去对地方文化特性的概括一般只强调个性和特色，而没有在具象概括和抽象概括之间特意作一个区分。对于民俗文化的抽象概括，也多建立在超越地方的文化、审美风格和人之性情的分类基础之上，这些分类何以成立，是否真正关照了地方文化的具体形貌，尚有许多值得反思的地方。而且相对来说越是小的时空范围，越难抽象概括出民俗文化的地方性特征。因此悬置一些已有的抽象文化分类，自然地呈现具有标志性文化意味的具体民俗事象，或许更能深入和贴近民俗文化自身的形貌和地方性特征。从这个角度来说，标志性文化这一概念提出的意义，不仅在于其对民俗文化地方性特征的强调，更在于它抛开了习以为常的抽象概括的思维，转而寻求更为贴近主位视角和人文科学研究旨

---

① 刘铁梁：《文化巨变时代的新式民俗志——〈中国民俗文化志〉总序》，《北京师范大学学报》（社会科学版）2006 年第 6 期。

趣的具象概括。

标志性文化的确认，是写作标志性文化统领式民俗志的关键，也是目前学界探讨较多的一个话题。尽管刘铁梁强调标志性文化“既是主位的，也是客位的，是该群体自观和他者均共同认可的”[①]，但仍有学者质疑标志性文化确认的主客位属性，尤其是主位看法与客位看法发生矛盾时标志性文化该如何确认的问题。[②] 当谈到官方、学者和民众对标志性文化的确立标准产生分歧时，或许首先要明确这里的标志性文化究竟是指客观存在的具有标志性意义的文化（如果确实存在的话）还是指学者所界定的标志性文化呢？如果指前者，那么意味着存在一个客观的确认标志性文化的标准，无论是官方、学者还是民众，谁的确认标准最为符合或接近这个客观的标准，谁的确认标准就最为合理。不在于这个标准是由谁来提出，或者说这里不存在协商或由谁说了算的问题。如果是后者，那么标志性文化自然是由学者确定，因为这里的标志性文化是学者创设的一个学术概念，有着学者自身对一地文化结构和秩序的理解及确立标志性文化的条件和原则，学者依照这些条件和原则再去寻找他所界定的标志性文化。至于说找到的这些标志性文化离客观存在的具有标志性意义的文化究竟有多远，可以讨论和批评，因为刘铁梁自身并没有说他的界定和确认标准便是唯一正确的。在谈到标志性文化具备的条件时，他使用了“笔者初步认为”、“一般要具备三个条件”等字眼，在对标志性文化统领式民俗志理论作进一步反思时，他也指出标志性文化是民俗志书写者认为的标志性文化，它是可以讨论的，而不是钦定的。由此来看，他对标志性文化的界定和阐述只是作为学者的他对具有标志性意义的文化事象的多种可能的理解之一。

---

① 刘铁梁：《“标志性文化统领式”民俗志的理论与实践》，《北京师范大学学报》（社会科学版）2005 年第 6 期。

② 如黄龙光对标志性文化提出的疑问：“实际民俗田野调查过程中，在标志性文化的界定问题上，官方、学界和民间三者的意见如何兼顾协调？……关于如何获得一个合理的界定标志的标准，官方有其主流甚至带有意识形态的一套标准，民间则有下里巴人的朴素看法，而学者则可能带有纯学术的观点。标志性到底由谁说了算？”参见黄龙光《民俗志范式的反思》，《西北第二民族学院学报》2007 年第 5 期。西村真志叶指出：“当研究者主体通过与其他地方或群体社会间的比较，努力‘从平淡的日常生活中、纷繁复杂的民俗事象里筛选出地方的标志性文化’时，他有可能忽略对于被研究者主体而言的‘标志性文化’，由研究者抽象的‘面’最终还是会压倒被研究者表述的‘点’……当该群体自观和他者他观出现分歧时，应该选择哪一方？”参见西村真志叶《学科范式转变中的民俗志》（未刊稿）。

从后一种意义上来说，标志性文化是由学者来界定和确认的，但这不等于说标志性文化是由学者说了算，如果我们说标志性文化是由学者说了算，言下之意是民众和官方说的不算数，实质上学者在提出自己最终观点之前，对标志性文化的找寻和确认过程是非常复杂的，这个过程包含对官方、民众看法的认知以及各种认知之间的反复商讨，也就是说学者最终提出的观点实质上已包含了官方和民众的看法。所以当我们说标志性文化由学者来界定和确认时，并不意味着抛弃了官方和民众的观点，标志性文化的确认并不是一个简单的谁说了算数或是三选一的问题。强调标志性文化由学者确认，也不意味着当学者他观和群体自观产生分歧时，一定要选择学者的他观。刘铁梁强调标志性文化是主位和客位的结合，意味着学者在确认标志性文化的过程中，已考虑到群体的自观，也即是说学者的观点实质上包含了学者的他观和群体的自观。至于是否认同群体自观，则要看它是否符合标志性文化的确认条件；同时，否认群体自观也不一定意味着抛弃应有的主位视角，因为群体自观的情况也很复杂。

一般而言，民众不会听说标志性文化这个概念，自然也不会对诸多民俗文化事象有一个是否具有标志性文化意义的区分和判定，即便是在文化自觉意识较强的群体中，也只是朴素地认为某些民俗事项是当地的一个特色。标志性文化的概念固然来源于富有特色的地方文化，但不完全等同于这些有特色的地方文化。当然，也存在一些地方精英接受了学者提出的标志性文化的概念，自觉思考本地文化中哪些是标志性文化，在这种层面上，群体自观和学者他观可能还能进行有效的对话。对于文化自觉意识较强的群体，尤其是在各地政府申报非物质文化遗产工作的影响下，可能已经将某些民俗文化作为群体认同的符号和自身文化的标志，但这些符号和标志的产生不一定完全依赖地方传统，可能政府的权力、学者的权威以及地方经济、文化精英的力量都在起作用，比如说河北赵县范庄的龙牌会；再比如说，由政府认定的各个级别的非物质文化遗产项目最后有可能成为学者笔下的标志性文化。这种情况下群体的自观可能更为复杂，需要学者用心去辨析群体认同的甚至是建构的“标志性文化”是否符合学者确立标志性文化的标准。

尽管学者确立的标志性文化需要群体的认可，但群体自观和重视的有特色的地方文化不一定会成为学者确认的标志性文化。具有标志性意义的文化事象自身的形成、民众对标志性文化的自觉以及学者对标志性文化的认定都是一个复杂的过程。也许我们应对标志性文化何以存在，是否存在一个客观的标志性文化的确认标准，某一个已经确认的标志性文化是否深刻地体现了地方文化内在的结构和关联等问题作反思和批评，而不仅仅是质疑标志性文化究竟由官方、学者还是民众来确定。实际上，官方、学者和民众的观点在标志性文化的确认过程中往往相互影响，而且他们在确认标志性文化时往往有各自不同的语境，从某种意义上来说，无法评判也无须评判谁的标准更为合理。

确认标志性文化不只是为寻找地方文化的特色，而是借由对标志性文化以及与之相关联的其他民俗事象的深描，达到呈现地方文化整体和特性的目的。标志性文化统领式民俗志相比传统类分法式民俗志的创新意义在于，它在努力呈现可能会被类分法式民俗志割断的民俗事象之间的自然关联，从而使民俗志书写更为贴近民众的“生活世界”，更富有“资料集”不甚追求的解释力，这是一种建立在深描和互释基础上的朝向理解民众的理解、感受民众的感受的解释。尽管人类学一些经典民族志，如《努尔人》《西太平洋的航海者》等，已关注到一些带有标志性文化意味的事象对于理解整体文化的意义和价值，而在民俗学领域，虽然也关注到具有标志性文化意味的事象，但如何经由这一带有标志性文化意味的事象达到对地方文化整体和特性的理解，却没有被给予太多关注；而且类分法式的民俗志书写体例，容易使各种民俗事象被匀质化地呈现，从而远离了实际生活中民众对各种民俗事象并非等量齐观的事实。相对于类分法式民俗志能提供更为全面的民俗资料而言，标志性文化统领式民俗志可能只能提供部分的民俗资料，但这些部分的民俗资料却给我们带来了“片面的深刻”，带来了整体文化的视野、历时的观点、主位的立场和多样化的书写模式。

标志性文化的概念是刘铁梁在当前各地文化建设实践中提出的用以指导地方民俗志书写的一个工具性概念。他认为标志性文化是对一个地方或群体文化的具象概括。也就是从生活文化中筛选出来的体现一个地方文化特征、包含丰富和深刻意义的事象本身。标志性文化一般能够反映这个地方特殊的历史进程，反映这里的民众对自己的民族、国家乃至人类文化所做出的特殊贡献；体现一个地方民众的集体性格、共同气质，具有薪火相传的内在生命力；标志性文化的内涵比较丰富，往往深刻地联系着一个地方社会中广大民众的生活方式，所以对于它的理解往往也需要联系当地其他诸多的文化现象（刘铁梁，2006）。[①] 标志性文化统领式民俗志尽管是作为民俗志的书写模式而提出，但在指导村落或地方社会研究时具有启发意义，它提示我们可以经由标志性文化来把握村落和地方社会的个性，关注文化事象之间的结构与关联。

（二）研究意义

在探讨中国乡村社会的建构机制或地方社会的构成机制时，一般多是从宗族、信仰、水利、市场等结构要素去分析，而很少关注副业劳作模式在建构乡村社会中的作用。本书尝试以一个村落的编筐手艺为例，探讨手艺在建构村落社会中的作用和机制，与已有的宗族模式、祭祀圈、信仰圈、水利社会、市场体系等理论做一些对话。劳作模式中的“模式”二字带有民俗学的模式化生活色彩，因而对它的探讨有助于将地方化的民俗与整体社会结构勾连起来。副业劳作模式的日常性和实践性使其在构成村落社会实在感上具有独特优势，其他的建构机制更多地以集体组织、集体活动的形式来建构村落社会的整体性，而劳作模式却与村落成员中个体的实践、感受和认知密切相连，使村落成员在日常的劳作实践中感受到村落社会的存在。目前来看，从行动者的内在视角出发来探讨一个村落社会实在感的建构的研究并不很多，本书尝试在这方面增进探索。

在对费孝通先生提出的“乡土中国”的概念作反思时，学者们指出主流的历史话语将大部分笔墨耗费在定居、宗法的农业社会理想模式的建构上，而无形中压抑了原本在中国社会中也同样重要的“游”的传统[②]，以“居”为主体的乡土不能充分代表中国文化，文化中国是在“居”和“游”之间律动的双边关系结构。[③] 樋口淳以日本和法国的民俗学为例，对漂泊民作了具体考察。他指出日本民俗学研究虽然也把以农耕为中心的定居型村社作为日本文化的基层，把定居民作为主要研究对象，但亦注意到对漂泊民的研究，在过着定居生活的稻作民看来，走遍共同体之外广阔世界的漂泊民用农民所没有的物品来交易，所以是拥有知识、经验和宝物的不可思议的人，山人、渔夫、手艺人、商人、艺

① 刘铁梁：《文化巨变时代的新式民俗志——〈中国民俗文化志〉总序》，《北京师范大学学报》（社会科学版）2006 年第 6 期。

② 王学泰、赵诚：《游民文化对中国社会的影响》，《社会科学论坛》2007 年第 1 期。

③ 王铭铭：《西方人类学思潮十讲》，广西师范大学出版社 2005 年版，第 206 页。

人、租马、租车、船夫等与运输相关的人，信仰的传播者，巡礼者，职业江湖人都属于漂泊民。法国的漂泊民包括商人、手艺人、巡礼、宗教者、鲁玛和吉卜赛人。他认为漂泊民研究很有意义，漂泊民通过商品、技术、艺能、信息的交换把各个对外封闭的定居共同体接合起来，从而连接至山、海的宽广领域。

基于对中国文化在“居”与“游”之间循环往复律动的认识，赵旭东反思了村落研究局限于村落之内的局限性，主张跨越村落边界，把理想型的乡土社会与现实的游民社会联系在一起来考察中国社会及其文化，追求“跨越乡土社会的田野民族志方法论”。尽管他这里其实不只是跨越了村落的界限，但他的思考和由来已久的中外学者对超越村庄的村庄研究的期望和努力相一致。中国的村庄研究已不局限于使用通过小社区来研究大社会的反映论，而是寻求村庄与外部世界的联系，与国家、天下、宇宙、市场、宗族、庙会、水利社会、祭祀圈、信仰圈、婚姻圈等概念相连接。但在这种连接中，更多地体现了村落与外部世界的纵向联系，而缺乏村落与村落之间的横向联系。如何寻找这种横向联系，除了从姻亲关系中寻找，也应从方法论上突出个人主义视角，在村民交往中寻求村落间的横向联系，超越结构主义的局限，在日常生活的层面上描述人的互动关系和持续场景，进而理解社会的流动性。[①] 考察沿村卖筐人的生活有助于从个人主义视角寻找村落之间的关系，在村落与外部世界的联系中，有一部分是由像卖筐的沿村人一样的手艺人和行商小贩来建立，虽然沿村卖筐人算不上绝对意义上的游民，但长期在外卖筐的经历已使他们具有漂泊民的性质，因而对他们的研究同样具有漂泊民研究的意义。

艺术学领域虽然关注到民间工艺，但关注民间和站在民的立场上并不能轻易地画一个等号，借用赵世瑜提出的“大历史”和“小历史”的概念[②]来解说，即可能存在用书写大历史的方法来书写小历史，因此在解读形而下的民艺时可能会解读出中国传统文化中的“道器论”，中国人的宇宙观、自然观和造物文化。[③] 不是说这些解读不必要，恰恰是这些解读成

---

① ［日］岸本美绪：《明清交替与江南社会——十七世纪中国的秩序问题（序）》，东京大学出版社 1999 年版。

② 赵世瑜：《小历史与大历史：区域社会史的理念、方法与实践》，生活·读书·新知三联书店 2002 年版。

③ 杭间：《手艺的思想》，山东画报出版社 2001 年版。

为关注民艺的深层动力，而不至于使对民艺的关注仅仅成为依附怀旧和乡愁的朴素情结和浪漫主义怀想。但仅有这些形而上的解读是不充分的，因为它离民的视角还有一段距离，而这种距离在民俗学研究中也一直存在。参照作家文学来研究民间文学，从某种意义上来说也是一种用大历史的方法来解读小历史。如果说在民俗学发展的初期，还无须过多追问是否真正站在民的立场上，因为在一个漫长的官民对立的历史传统中关注民间、走向民间便已经是一场意义非凡的“眼光向下的革命”[①]；那么随着社会的变迁，对民的认识的变化，当民已相对消除官与民、精英与大众的简单二元对立，成为任何群体之民时，仅仅再关注民而不追问是否站在民的立场则没有显示出更为深入的理论追求。本书尝试在这方面做一些探索，也即努力站在手艺拥有者的内部立场上，考察手艺对于拥有它的民和社会的意义和价值。

自近现代以来，中国传统手工艺在工业化大潮中不断受到冲击，虽然近年来在“民间美术热”、“民俗旅游热”、“非物质文化遗产保护运动”等思潮影响下，一部分传统手工艺重新受到关注，但大多数传统手工艺仍面临不可避免的衰落命运，在这些凝聚着民众智慧和情感的老手艺即将消逝之前，或许应给它们一个深刻和更为贴近手艺拥有者和享用者视角的理解。如果说艺术学和科技史学者更多地关注传统手工艺的审美和技术价值，那么民俗学者或许更应关注手工艺背后的具体的人、文化与社会，从手工艺发生、传承的文化生态中去解读它的意义和功能。

（三）概念的界定

1．手艺

手艺这个词最基本的含义是指主要依赖手工而完成的某种技能，除此之外，手艺还可以代表一种职业、一种精神。目前学界使用的手艺有广义和狭义之分，广义的手艺基本和手工技艺的概念等同，狭义的手艺主要指民间手艺人或称民间工匠用以谋生的技能。比如说较为常见的木匠、瓦匠、银匠、铁匠、裱画匠、皮匠、鞋匠、篾匠、剃头匠、修车匠，等等，他们的技能都可以称为手艺。本书基本上使用的是狭义的手艺概念，但由于这方面的研究少而零散，所以在研究主题的确立和文献综述时也涉及对

① 赵世瑜：《中国现代民俗学思想史论》，北京师范大学出版社 1999 年版。

广义的手艺概念的评述。

2. 劳作模式

劳作模式是刘铁梁提出的一个概念，劳作模式的概念和生计模式有些接近，但概念指向的意涵不同。生计模式倾向于揭示谋生手段和方式的不同，劳作模式则指向人的身体的行动，指向劳作的过程。结合刘铁梁对劳作模式的阐述和本书的写作内容，将其界定为：一定群体或地方社会中的人在物质生产实践中形成的相对一致的模式化生活。比如说沿村人的劳作模式便是农耕加上编筐，或者说沿村人的副业劳作模式是编筐。

第二章　资源、环境与沿村荆编业

一　沿村概况

沿村位于北京和涿州交界处，隶属北京市房山区长沟镇，是一个行政村。房山区是北京市西南的一个远郊辖区，区政府驻地良乡距北京市区22公里。区境北与门头沟区以百花山为界，东北与丰台区毗邻，南部和西部与河北省涿州市和涞水县相连，东隔永定河与大兴区相望。最东端在永定河；最北端达大安山、百花山；最西端在蒲洼鱼斗泉村；最南端在大石窝二合庄村。东西长70公里，南北宽46.2公里，面积2019平方公里。据第五次人口普查资料，房山区人口83万，有33个少数民族，其中以满族、回族和蒙古族居多。

因地处太行山与华北平原的过渡地带，房山区西部、北部为连绵起伏的山地；东部和南部是一片缓缓倾斜的平原，由于断裂作用不明显，表现为山地—丘陵—平原的渐变过渡。境内主要山脉有大房山、大安山、三角山、百花山、西占山等均系太行山分支。最高峰是百花山的百草畔，海拔2035米；最低处是东南部立教洼，海拔为26米。境内有大小河流13条，拒马河和大石河横贯东西，永定河和小清河纵穿南北。房山属于暖温带半湿润、半干旱大陆性季风气候区，四季分明，夏季盛行温暖的偏南风，6、7月份高温多雨，易出现旱涝灾害；冬季盛行干冷的偏北风，漫长、寒冷、多风、少雪。

房山区矿产资源丰富，大石窝一带的汉白玉在战国燕时即有名，尔后历代均有开采。《石谱》载："燕山石出水中，名夺玉，莹白而温润，土人琢为器，颇似真玉。"明、清修建北京故宫、圆明园等皇家宫苑所用汉白玉石料，莫不采于此，民谚云："先有石窝，后有北京。"房山煤炭开采发轫于辽、金之前，至元、明以后逐渐兴旺，清末周口店至琉璃河、坨里至良乡铁路以及运煤高线修成，进一步促进了煤业发展，煤炭开采成为房山矿业之大宗，也是京西重要煤炭产地。

房山区历史悠久，是人类文明的重要发祥地。距今70万年前，北京人（学名："中国猿人北京种"）居住在周口店龙骨山北坡的山洞里狩猎采集，开启了北京地区人类历史的新篇章，房山因此被称为"龙的故乡"、"北京根祖"。新石器时代房山地属幽陵，为颛顼高阳氏属地。公元前11世纪，武王伐纣灭商，封召公于燕，今琉璃河董家林村为周初燕国都城遗址。

战国时期房山地区始有县级行政设置，称中都县，之后历代建置变化频仍。秦属广阳郡，汉属涿郡，三国时分属燕郡、范阳郡和广阳郡，西晋分属范阳国和燕国，十六国时期分属范阳郡和燕郡，南北朝时期属燕郡，隋、唐至五代时期属幽州，宋属燕山府，金属中都路，元属大都路，明、清属顺天府，民国时期初属顺天府，1914年改属京兆地方，1928年改属河北省。至新中国成立初期，房山地区仍分设房山、良乡两县，1958年房山县与良乡县合并成立周口店区，1960年周口店区改称房山县。1986年，撤销房山县、燕山区，设立房山区。1997年，房山区人民政府驻地由房山迁至良乡。房山区现辖9个街道、3个地区、11个镇、6个乡，462个行政村。

长沟镇位于房山南部，和涿州相连，面积38.7平方公里，常住人口2.7万。下辖南正、北正、双磨、南良各庄、北良各庄、东良各庄、东长沟、西长沟、太和庄、沿村、坟庄、东甘池、南甘池、北甘池、西甘池、六间房、三座庵、黄元井18个行政村。长沟历史悠久，文化底蕴丰厚，东长沟村有为生于涿州的刘备、张飞及其结义兄弟关羽而建的三义庙，南正村建有清帝王拜谒西陵途中的第二座行宫，乾隆皇帝多次驻跸长沟留下吟咏。长沟山环水绕，草木葱茏，为皇室陵墓选址的佳地，清和硕敬谨亲王与顺承君王陵址分别位于东甘池与西甘池二村，其他高官显贵也多选坟地于此，不少村落的形成与此相关。

长沟历代以来多隶属涿州，春秋战国属北燕涿邑，秦属广阳郡涿邑，西汉属幽州涿郡西乡县（侯国），尔后历代行政更迭。明成祖永乐元年（1403），改北平府为顺天府，涿州仍领房山县，长沟隶之，自此到清末，长沟（怀玉乡）便成为顺天府（北京）的畿辅。民国三年属京兆特别区房山，民国十七年属河北省第二督察区房山县，民国三十三年属伪华北政务委员会第一行政区房山县，民国三十四年属华北第六督察区房山县，新中国成立初属河北省通县专区，1958 年划归北京市。

沿村位于长沟镇东南部平原与涿州的交界处，依山傍水，交通便利。村东临近房易路，与河北省涿州市北务村相接；村西有拒马河的支流北泉水河穿村而过，往南流入涿州后汇入拒马河；村北与韩村河镇的二龙岗村相接；村南为镇行政中心驻地西长沟村。沿村距北京 60 公里，距房山 18 公里，距良乡 35 公里，距涿州 10 公里。

沿村聚落形状像一柄刀把，南北长，东西窄，面积 3.6 平方公里，新中国成立初约有 200 户、1000 人。晚清以来华北村落规模在数十户到上千户之间不等，王庆成根据方志等地方文献以及西方人士在华旅行的记述，指出晚清华北地区北方村落规模多为中小型村落，百户以上大村不占多数。[①] 依照这一标准，晚清民国时期的沿村属于规模较大的村落。新中国成立后沿村户数和人数均有增长，至 2009 年拆迁前有 696 户、2134 人，在长沟镇下辖的 18 个行政村中属于大村。

与华北许多居住密集型村落不同，沿村居住相对分散，共有街里、东攒、西攒、王家坟、汪家坟五个居住自然片。街里位于村北，分为前街和后街，居住较为密集；村东南和村西南分别为东攒和西攒；村南为汪家坟、王家坟。村西南角另有李家坟、吴家坟两个小居住点，新中国成立前仅有几户人家。关于居住分散的历史，沿村还有一句民谚："一去二三里，沿村四五家，亭台六七座，八九十支花"[②]，据老人们解释沿村最开始只有四五户人家。

这种分散居住格局的形成，与聚族而居的传统不无关联，如街里主要为邵、白、张等家族聚居区，王家坟、汪家坟分别为王姓、汪姓看坟家族居住区。新中国成立后生产队的划分基本依此格局，街里为 1、2、3 队，西攒为 4 队，东攒为 5 队，汪家坟为 6 队，王家坟为 7 队，生产队既是集体化时期的集体劳动单位，也是各居住片区的代称，即便是生产队已解散多年的现在，沿村人还习惯用生产队来指称各个居住自然片，如说到某人住在哪里，往往会说他住几队。

---

① 王庆成：《晚清华北村落》，《近代史研究》2002 年第 3 期。

② 也有人认为这里提到的沿村并非村名，而是沿着村落的意思；另一种看法是村中的人以讹传讹，将教授儿童识字的五言诗中的"烟村"误解为"沿村"。

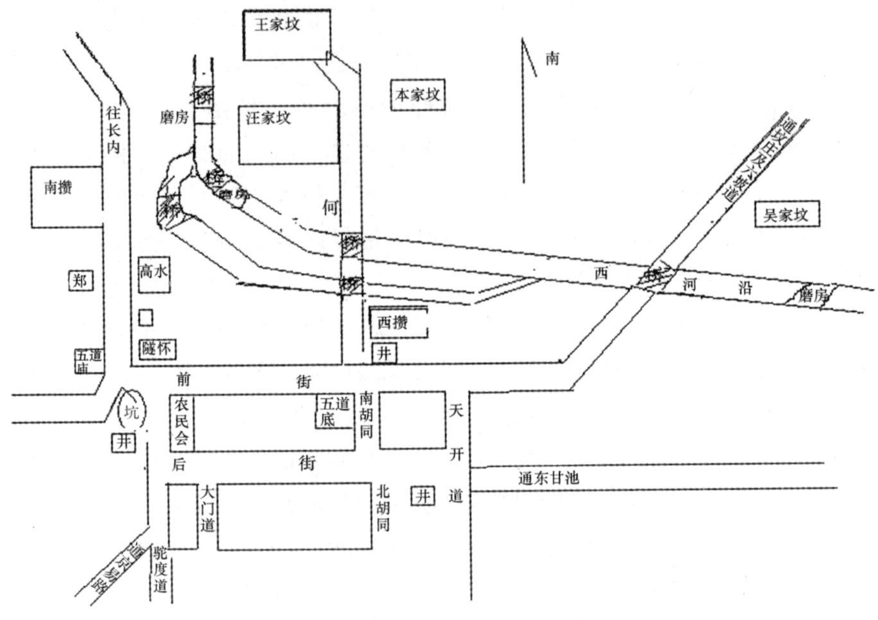

新中国成立初期沿村村图①

沿村属于多姓村，有白、李、张、陈、刘、王、汪、卢、高、邵、凌、吴、尚、司、郑、何等20多个姓，其中白、王、张、邵、陈为大姓，为村中老户。

村中白姓原为一个家族，很早便分成两支，一支居于村东，属1队，分五大门，现有五六十户人家；另一支居于村西，属3队，分两大门。村东一支在清代出过武进士，有乾隆钦赐的匾额，在长沟一带显赫一时，至清末逐渐败落。因年代久远，现在两支之间基本没有宗亲来往。

邵氏家族亦为村中大户，相传从山西洪洞搬到沿村时有兄弟二人，名为邵之林和邵之祥，繁衍至今有40多户人家。邵氏家族在长沟置有10亩官坟地，由族中一户人家耕种，耕种官坟地不用交纳地租，但需负责每年清明和十月初一祭祖后的全族聚餐，据邵璞回忆，邵氏官坟地一直由他们家耕种，每年清明节和十月初一时全族人都在他们家聚餐，俗称“吃官坟”。

王姓在本村有两个家族，其中王家坟的王姓属于较大家族，是满族

① 此图根据沿村才旺老师提供资料绘制。

人。相传始祖叫王建国，从东北随龙入关，封地在李庄，后来家道败落，其中一支迁至祖坟地居住，也即沿村王家坟一片，繁衍至今有五六代人；另一支迁至羊驸马庄村，人丁发展兴旺，人数比王家坟这支多。

其他姓氏家族多由外迁入。如李氏家族由京北沙河李庄迁至七贤村，又由七贤村迁至于此，有七贤和沿村两处祖坟地。还有一些小姓家户，祖上逃荒至此，靠给人做活逐渐在此安家落户。关于各家族源流，亦有山西洪洞大槐树的传说，相传沿村所有家户最初都是从山西洪洞县迁至于此。

新中国成立前各家族一般都有自己的坟地、家堂、族谱和神主匣，新中国成立后平整土地，一些老坟地变成耕地和宅基地，现在坟地主要集中在村北和村西的山坡上以及村东，坟庄公墓亦有一部分坟地。家堂、族谱和神主匣多在“破四旧”运动中被烧毁，现在已很少见。

过去房山一带几乎村村有庙，以娘娘庙、老爷庙、五道庙居多，山区村落还建有土地庙。房山南部的长沟自辽金以来宗教活动兴盛，不少村落建有佛教寺庙，北正村的北郑院、南郑村的千佛寺、东甘池村的章庆禅院和西甘池村的玄心寺，在辽金时期已是古刹名寺；毗邻长沟的佛教圣地云居寺和上方山，亦对各村佛教信仰产生影响。

沿村共有四座村庙，一座观音庵，三座五道庙。观音庵位于沿村前街西头，坐南朝北，有前后殿各三间，东西厢房数间。前殿朝北供奉观音，影壁后面供奉韦陀，东西两侧各有四座神像，西侧有送子娘娘，手领一小孩，身背口袋，口袋中装满小孩。东侧也有一娘娘，具体是什么娘娘，村民们各有说法。与其他泥塑神像不同，这位娘娘是藤胎，四肢能动，据说娘娘出境巡游时，只要旁边有人搀扶便可以自己走。后殿朝北正中供奉的是释迦牟尼，两侧为普贤和文殊，壁上绘有七十二司像。

观音庵修建年代已不可考证，相传沿村观音庵与周边周各庄、岳各庄、龙门口、二龙岗、沿村、东西南北四甘池、青岗、尚庄、练庄等村村庙，皆属于上方山 72 座庵，《上方山志》载上方山一百零三座寺庵中亦有观音庵[①]，新中国成立前观音庵的和尚与上方山各寺庵和尚均有来往。20 世纪 40 年代，沿村人王兰亭主持重修观音庵，王兰亭时任房、良、涿三县日本宪兵特务队队长，因此三县均有捐款。“文化大革命”中庙里神像被拆除，庙址也挪作他用。

---

① 杨亦武：《上方山兜率寺》，华文出版社 2004 年版，第 75 页。

观音庵庙门平时关着，每到初一、十五和有重要佛事活动才开放。来此烧香的主要是沿村及周边村落的人，多以求子为目的。送子娘娘的供台上放有许多泥塑小娃娃，求子的妇女烧香许愿后，将相中的泥娃娃偷偷带回家，等到怀孕生子后再来还娃娃。也有为求财、求长寿、求平安或求功名而烧香的，一般都是有事才烧香。

后殿西禅房供有龙王爷的泥像，每至大旱求雨，村民便将龙王爷泥像抬出，一路敲锣打鼓，还不停地往泥像上泼水，抬至泉水河大黑桥下的大汀处，开始烧香上供，随行的村庙和尚念经祈祷：祈求龙王爷早日显灵，普降甘露。上完供后将供品往大汀里一扔，河里的大乌龟、大鲇鱼听到响动，闻到香味，便浮上水面，抢吃食物。据说过去求雨很灵验，有时走到半道就下起雨来。

沿村人称观音庵为大庙，称庙里的菩萨为佛爷。村里高跷会踩街时，先要去观音庵给佛爷们烧香，求佛爷们保佑走会平平安安，不出差错，然后在庙门前撂场表演，给庙里的佛爷们表演完了，再串街给村民表演。新中国成立初期，观音庵共有六位和尚，住持法号心智，是附近坟庄村人。和尚与村民多有来往，有亲戚关系的还相互拜年，遇到婚丧嫁娶，和尚也“出份子”送人情。大户人家家中有人去世，会去庙里雇经，让和尚念经为亡魂超度。

沿村因为居住分散，有三座五道庙，前街、后街和东窜各有一座。五道庙为一砖石垒砌的小屋，约 7 尺多高、三米见方，里面供奉五道老爷的泥胎神像，神牌上写有“五道神之位”，过年时庙门贴上黄纸写的神联，上写“五道能追千里鬼，土地善保一方人”。家中有人去世，须到五道庙报庙，报庙的人为死者家属，去五道庙路上由一男孩提着灯笼在前面带路，报庙的人跟在后面，手里端着一个盘子，盘中搁有纸钱，到庙里后将纸钱挂在墙壁上，若纸钱挂住就算报上庙了，一天至少要报三次。新中国成立后破除封建迷信，五道庙被拆除，报庙习俗也随之消失。

二 传统农耕生活

沿村是半农半工的村庄，村民只在农闲时编筐。新中国成立前夕，沿村共有耕地 2347 亩，其中旱地 1817 亩，稻田 530 亩，人均耕地 1 亩多。旱地主要分布在村落四周，以村北为多；稻田集中在泉水河两岸，新中国成立后平整土地，一些低洼易涝地得到改造，增加稻田70多亩。1983年实行土地联产承包责任制后，沿村人均耕地仅半亩多，近年来因修路、绿化以及挖湖工程，部分耕地被占用，耕地面积仅剩1300多亩，人均耕地仅半亩多。主要农作物为小麦、玉米和水稻，也种植少量的谷子、高粱、黍子、糜子、荞麦、白薯、豆类、芝麻、花生等作物。

沿村地力不算肥沃，但因兼有旱地和水田两类作物，所以无论旱涝都有收成。泉水河一年四季长流不息，即使在旱年沿村人也可以引泉水河的水灌溉稻田得到收成；7、8月份雨季来临时河水暴涨，但沿村因地势之利，暴涨的洪水很快便会退去，不会形成大的洪涝灾害，沿村的农业生产基本能够旱涝保收。

沿村虽地处平原，但坡岗坑洼不少，加之土地在集体化时期以前一直归个体家户所有，因而耕地被分成大大小小数片。每片土地几乎都有自己的名字，如村东的涝洼地，夏天老有积水，称为“东洼”；养路队东的“三道碑”因过去有墓碑而得名；再如“牛槽坡”、“炉糕铛”、“五台山”、“道弯儿”等地名，都是根据地形而起；“北四十”、“东三十”、“三十四”、“北十二”、“薄十八”等地名则是根据方位、面积和地力而起。这些都是村中的老地名，也不知道是从哪辈子开始叫起，但提起它们时沿村的庄稼主儿们可谓如数家珍，在过去的时代，土地就是他们的命根子。

提起农活，沿村人便会说起“耕耩锄刨，扬场垛垛”这句民谚，这八个字恰好概括了四季之中最基本的农活：春天扶犁耕地、拿耧耩地；夏天刨土、锄地进行田间管理；大麦二秋收割庄稼，扬场打垛。过去沿村的农业生产主要集中在春、夏、秋三季，每一项农活紧紧依赖天时、物候和人力而进行，比起现在的机械化生产，过去的农耕生活包含更多的知识和世代相传的生存智慧。

（一）等雨耕地

依照老传统，过了“破五”（正月初五）才开始干活。一过“破五”，人们便开始把攒积了一冬的粪肥往地里送，有用牲口驮的，用大车拉的，也有用小推车推的，运到地里后，把粪肥堆成堆，等到要耕地时再用铁锨撒开，如果预先撒开，到耕地和耩地时粪肥就没劲儿了。也有的农民往地里送一些炉灰和黄沙，大石河下游的一些平原村落，由于河水的淤积，形成了很多黑瓣土，这种土一下雨就特别黏，一旱就特别硬，不适合种庄稼，耕地前往地里送一些炉灰和黄沙，可以改变黑瓣土的土质，让它变得松软，更适合耕种。

到惊蛰时节，冻结的土地开始化通，待到下一场春雨，春耕便开始了。雨水对于房山的旱作农业来说尤其重要。多数人家都是等雨春耕，什么时候下雨，什么时候才开始耕地。据老人回忆，新中国成立前有一年，都过了小暑时节还没有下雨，人们耕不了地非常着急，后来到六月初十，终于下雨了，一看到下雨，人们都红眼了，赶紧拉着牲口耕地，没牲口的就直接拿镐翻地，耕完地后马上接着耩地，有耧的用耧耩，没耧的就直接拿镐来耧沟或招坑点籽，这样耩的耩，点的点，三五天把地给种上了，那年虽然下雨晚，但到了后秋收成还不赖，谷穗饱满，都快长成大圆球了，豆儿、高粱等其他作物的收成也不错。

也有的人家怕误了农时，等不了老天爷下雨，就直接在一些小块的偏地上种“干打雷”，所谓“干打雷”，指的是没下雨就把种子给耩上，等到下雨，耩下的种子就会慢慢长出小苗来，但如果不下雨，小苗就出不来，这块地可能就白种了，所以一般的人家都不会在大田里种“干打雷”，怕损失太大。

耕地的工具主要是犁，人在后面扶着犁，三个牲口在前面拉犁，最右边的牲口叫当墒的，中间的叫配墒，左边的叫拉杆的，其中当墒的牲口是最棒的，也是最累的。地主和一些富农家里牲口养得多，有专门的把式负责耕地，而一般的人家，至多养一两头牲口，所以耕地时往往几家搭伙，凑齐一犋牲口互相帮着耕；没有牲口和犁的家户，就得请把式耕地。耕地的牲口里有骡子或马的话，把式们会比较省劲，不仅耕得快，而且耕得又直又透，如果只是小毛驴，就有些费劲，即便是狠心拿鞭子抽它们，半晌也耕不了多少地。也有的用耠子耕地，耠子比犁杖轻，用一个牲口在前面拉就行，但耠子只能耠沟，不能翻土。面积小的田地，直接拿镐挖地就可以了。耕地时不能老是“绞着耕”（从中间往两边耕），或者老是“伏着耕”（从两边往中间耕），两种方式交替着耕，耕完的土地才会平整，不至于在两边或中间凹下去。耕完地后，仍有一些干硬的土块，用耙耙地能使土块细碎，最后用盖镇压土地，这样土地就会变得平整，还可以起到保墒的作用。

农谚说“谷雨前后，安瓜点豆”，到谷雨时节，棒子[①]、谷子、高粱、黍子、糜子、春白薯、豆类、芝麻、花生、棉花等春庄稼都该下种了，有菜园子的人家也要为瓜果蔬菜下籽。单腿耧轻便，一人在前面拉，一人在后面扶，便可以提耧下种；双腿耧较重，一个人拉不动，往往用牲口在前面拉，年轻的后生拉着牲口的缰绳，在旁边帮耧，拿耧的是有经验的庄稼把式，扶耧扶得稳，丝毫都不乱晃。十几岁的少年多半都有帮耧的经历，在长辈的责骂中，慢慢熟悉农业生产的各种知识。棒子和麦子是当家的庄稼，年成好的话可以种两茬，春天种春棒子和春小麦，麦秋收完麦子种麦茬棒子，大秋收了棒子再种冬小麦，所以耩地的活儿春、夏、秋三季都有。耩棒子时，首先要选好种子，头年留一些颗粒大而饱满的棒粒做种子，放在通风干燥的地方，为防止种子发霉受潮，清明后再拿出来晒晒。下籽时对土眼的大小和深浅也有讲究，太小了长出的苗会太稀，太大了会浪费种子，太深了小苗长不出来，太浅了吸收不了水分，不容易扎根，一般 3 公分比较合适，有经验的老农知道如何耩得深浅适中。

水稻栽种之前先要育秧。房山的一些浅山平原区有少量的稻田，大石窝的高庄以泉水浇灌稻地，所产大米颜色晶亮，味道香美，相传“九蒸九晒色香如初”，享有“玉塘贡米”的美誉。新中国成立后，水稻种植技术得到进一步推广，大石窝、长沟、长阳、石楼、琉璃河一带均有稻田，其中石楼的坨头村曾被誉为房山的乌克兰，曾是有名的“吨粮村”。

春分时节，人们开始为水稻育秧。育秧前先平整土地，取高垫凹，再放水浸地，用牲口拉着砘平地，这样能保持秧盘里的水均匀。过去没有引水灌溉，人们用柳罐淘水浇地，柳罐是用柳条编织而成，底部的形状像锅底，不能平放，在柳罐口拴上四根绳子，两人合作，各执两根绳子，舀水时先一起松开绳子，待柳罐装上水后，再将绳子抻紧，柳罐慢慢上升、倾斜，倾斜到一定程度，柳罐里的水便会全部倒空，流入稻地。稻地需要水，所以在种水稻的村落里，有许多甩柳罐的高手，他们配合默契，用力巧妙，在一张一弛和飞溅的水花中，自有一种和谐的韵律。也有挖沟引活水进来，利用地势的高低，让水从高处流入地里。等到秧盘里的土地弄得像黏粥一样，便可撒籽育秧，秧苗长出来后，再移栽到大田里。

---

① 玉米的俗称。

（二）麦秋

所谓“春争日，夏争时”，夏季的农活严格遵照农时，尤其是麦秋时节，麦穗一变黄麦芒又未炸开时，赶紧割麦子，割完麦子接着种麦茬棒子，棒子、谷、高粱、豆子等各种春庄稼都长起来了，要为它们除草、松土。夏季里要抢种、抢收，还要进行田间管理，所以人们形象地称之为“抢三夏”。

老农们都知道地耪得越好、越勤，庄稼的收成就越好。一般来说，种棒子至少要耪三遍地。“耪头遍要真”，用挖勺子认真开苗，保持适当的行距和株距，苗太稀的地方种密些，太密的地方则种稀点，使秧苗分布均匀，过去讲究“一步三棵苗”。耪二遍时用大锄除掉杂草、稗草，除草既是细致活儿，也是技术活儿，要想求快，可以用“直板锄”顺着垄沟往后退着锄；想要草除得干净，则可以用“夹板锄”，即在棒子苗的斜上方锄一下，斜下方再锄一下，最后在旁边的垄沟里再锄一下。除草之外还要松土，农谚说“耪二遍要深”，将深处的土翻上来，使土壤变得松软，以达到保墒的目的。耪三遍时讲究“蹭破地皮等于犁”，不用耪得太深，只相当于犁地即可。耪地的活儿断断续续一直持续到夏末，待耪完最后一遍地，人们便可以“挂锄”歇伏了。

到小满时节，种水稻的村落开始插秧。每一行插六撮，一撮大概三到五株苗，插完一行后，插秧的人沿着直线往后退，再插下一行，如果退时走了弯路，秧苗就插得不直。插好秧后，移栽的秧苗逐渐返青，开始进行田间管理。稻田里需要保持充足的水分，但水太多也不行，会把秧苗沤烂，所以每隔一段时间要把稻田里的水放出来，让秧苗在太阳底下晾晒几天，称之为“晒秧”。晒秧时田间的杂草会猛长，几乎长得和水稻一样高，这时便要挠秧。对于习惯了在旱地干活的农民来说，挠秧和育秧、插秧一样，是一项非常辛苦的农活，人们弯着腰，把裤腿和袖子卷得高高的，一棵一棵地拔掉杂草，用手生抠秧苗四周的泥土，使底下的土翻上来，半天下来，挠秧的人早已累得腰酸背疼，也有人索性跪在稻田里，爬着挠秧，所以种水稻的农民有一个别称，叫“稻爬子”。待到稻穗长高了，还不时会扎到人的眼睛和胸脯，水里的蚂蟥也会冷不丁地叮人一口。

芒种时节麦穗开始黄梢，“麦秋”开始了。清晨趁着有露水，麦芒未炸开时，人们便带着镰刀上地里割麦子，一手拿着镰刀，一手拢着麦子，刷刷地往前割，割完一把后，前面的一人把这一把麦子分成两股，两头一拧，房山人称之为“打腰儿”，后面的人再把这些麦个子捆在一起，称之为“绑腰儿”。太阳越升越高，麦田里热浪翻滚，割麦的人汗流浃背，依然挥舞镰刀从田头忙到田尾，因为“六月的天，孩儿的脸”，趁着太阳正好，赶紧把麦子割了。到晌午时妇女们开始往地头送饭，吃完晌午饭，找块阴凉的地方蹲着抽袋旱烟，休息一阵，人们又继续在麦田里劳作，上学的孩子们放了麦秋假，帮着在地里捡麦穗。

割好的麦子拉回家后，用铡刀铡成两截，留下麦穗，麦根放一边。割麦子之前，人们便开始收拾场院准备杠场，为接下来的晒场、轧场和扬场做准备。大户人家有单独的场院，一般的小户人家往往共用一个场院或是在自家的院子里打场。杠场时先清扫场院，用牲口拉着碌碡来回地轧，把场院压平整后，往上泼水，泼湿后晾一晚上，撒上麦秸，再用碌碡反复轧，直到场院变得平整、结实。晒场时用木杈把捆好的麦头挑开，均匀地摊在杠好的场院上晾晒，中午太阳最火辣时，每隔半个小时或一个小时用三齿杈翻动一次，直到晒干。夜间将麦头垛起来，用稻草苫子盖好以防雨露。麦头晒干后开始压场，用牲口拉着碌碡一圈圈地轧，轧出麦粒，有经验的把式知道如何使碌碡均匀地轧到场院每一处的麦头。旁边的人负责把脱了粒的干麦秸耧起来堆在一起，或是直接扔到麦秸垛上。

打场过程中扬场是最需要技术的活儿，往往由经验丰富的庄稼把式担任。扬场的人站在下风口，拿簸箕把麦粒往上扬，扬时侧逆着风的方向，一个好的扬场手扬出的净麦粒如同一道优美的弧线，最后都哗哗地落在同一条线上，丝毫不会胡乱散开，麦糠和尘土则会沿着风的方向轻轻洒落在一旁。供锨的人负责往簸箕里送麦粒，打料的人则把扬出去的麦糠、尘土、麦秸扫到一边。扬场时最怕的是老天爷突然变脸，刮起大风或是下场暴雨，人们一下子便会忙乱起来，赶紧把摊开的麦粒归堆，风风火火地从家里取来苫子，把麦粒盖上。也有的人家还来不及盖上麦粒，雨点就落下来了，性急的人会大骂几声。

扬完场后余下的麦秸要垛起来，两人在垛顶上打垛，用杈子把麦秸摊匀，底下的人扔垛，往垛顶扔麦秸，还有人撕垛，使麦秸垛整齐而有形，剁顶上打上苫子的话，下多大雨麦秸都不会打湿。麦秸垛是庄稼主儿的门面，过去相亲还得看这麦秸垛的大小，垛越大说明这家打的粮食多，家境殷实。麦秸的用处很大，生火做饭、盖房抹墙都用得上它，还可以用来积肥造粪，当牲口的饲料。待到大大小小的麦秸垛在村庄里高高耸起，干净的麦粒入仓、入囤后，麦秋也将结束。

（三）大秋

大秋时节，各种庄稼相继成熟，人们开始准备各种大秋的农具，为收割而忙碌了。白露时节开始收棒子，要尽快把棒子收完，因为要腾出土地，赶在秋分时节前后种上越冬的小麦。在收棒子前后，谷子、芝麻、糜子、黍子、高粱、豆儿、棉花、白薯等庄稼也要收获了。

掰棒子是个辛苦活儿，虽然“啪”的一下，一根棒子便掰了下来，但看看高高的棒秸和一大片一大片的棒子地，便知道掰一上午棒子，手腕有多酸疼。掰下棒子后，拿镐一棵棵地将棒秸招倒，招的时候不能顺着地皮招，要把棒根也榜下来，要不然没法耩麦子。过去的时代既没有收割机，也没有脱粒机，所以从招棒子到棒粒入仓是个漫长的过程。妇女们坐在高高的棒堆里，一个一个地将棒子皮剥掉，年年都要干这样的活儿，所以剥起来速度很快，手法也很娴熟。

剥完棒子皮后，人们开始晒棒子，场院里、房顶上、屋檐下和马路边一片金黄。晒的时候把棒子一个挨一个地码好，四周再用棒子围成一个圈。晒干后的棒子可以直接入囤，也可以脱粒后再入囤。人们用大棍子把棒粒砸下来，也有的用铁锥子窜，先在棒子上犁开几道口子，然后用手把棒粒窜下来。不过大秋事多，一般都是闲时一家人围坐在一起慢慢窜棒子，一天可以窜个两三石。

种麦子之前的耕地称为“秋耕地”。俗话说“你有万石粮，我有秋耕地”，秋耕地对第二年庄稼的收成很重要。把地耕好、耙平后耩麦子，耩得越晚，麦苗出来得越迟。白露时节种下的麦子，四五天就出来了；寒露时节种下的，十天出来；到立冬种麦子，就要第二年春天才出来。秋分前后种麦子最当时，可以让麦苗长到合适的高度，不会因疯长而难以越冬，也不会因为出苗晚而影响来年春天后的生长。

过去都是旱地没法浇水，种麦子讲究要有三场雨，一场是八月份的雨，有了这场雨，小麦准出苗；十月份再下场雨，算是封地雨，小麦上冻以后可以保墒；第二年三月份麦子返青时再下一场雨，这一年的麦子准保丰收。现在有机井，麦子可以浇冻水和返青水，就不用指望老天爷下雨了。到了数九，麦苗就渐渐被冻干了，叶子也变黄了，一直到第二年正月才会慢慢返青。

到白露时节要打白薯秧了，先用镰刀把白薯叶子割下来，再用大镐把白薯从土里刨出来，有经验的农民都知道刨白薯应该是三镐一棵，左边一镐，右边一镐，当中一镐，也有偷懒的一镐一棵，但那样容易把白薯刨伤。把大车拉到地里运白薯，车里要先铺上白薯秧，免得装车时把白薯皮弄破，白薯皮一破就不好存放了。把白薯拉回来放到窖里，有的放到场窖里，也有的放到井窖里，都要一层层地码好。过去白薯产得多，蒸着吃、煮了吃、做汤吃、晒干了吃都可以，有的家户要吃到第二年秋天才吃完。

棉花也必须在最佳时机摘完，不然就影响棉花的质量，头发和二发的棉花较好。妇女是摘棉花的能手，她们手快，摘得干净。大秋时为防止麻雀偷吃黍子、糜子等小粒粮，一些人家大秋在地里做稻草人，刚做时还管用，过几天就不行了，也有人敲锣或者放鞭炮来轰走麻雀。

（四）忍冬

房山一带人们称冬天为“忍冬”。一是因为冬季地里的活茬少，人们老在家闲待着；二是因为冬天人们吃得节省一些，饿了得忍着。说是忍冬，其实是天天有活干，谁也闲不住。天气再冷，仍要背着筐去拾粪，或是拉点土来垫圈造粪，拾粪造粪成为庄稼主儿忍冬时光的活茬。

俗话说“种地不上粪，等于瞎胡混”，过去没有化肥，种地全使农家肥。没有哪个正经的庄稼主儿不讲究造粪。那些没事的时候不造粪，尽在集市和庙会上玩的人，是被人瞧不起的，聘姑娘、选女婿时也不会考虑这样的人家。过去农户养牲口的多，驴粪、马粪、牛粪、猪粪等牲口粪都挺多的，清早起床，就有妇女、孩子和老人背着粪筐拾粪去。一般都在当村捡粪，也有上煤窑、灰窑捡粪的，因为煤窑、灰窑来往的牲口多，自然牲口粪也多。大粪、牲口粪不能直接做肥料，必须掺和其他的东西。炉灰可以造粪，把炉灰从炉坑里掏出来，用大洋筛子筛，去掉炉渣剩下的就是细的炉灰面，把大粪倒在炉灰里，搅和之后摊成大粪饼晒干，把它保存起来，这算是精肥。精肥含氮磷钾高，常用来做追肥，用之前用碌碡压成细面，然后用粪耧耩到地里。追肥赶上下雨就更好，所有的氮、磷、钾容易被庄稼吸收。

还有一种制作农家肥的方法，叫做沤肥。把铡好的柴火扔到猪圈里，再在柴火上面压一层土，让猪在上面来回地走动，猪粪、猪尿和柴火、土掺和到一起，很快就会发酵。垫土要垫好几回，最后起出来堆到粪堆上，就是很好的圈肥。圈肥不如炉灰沤的精肥那么有劲，属于粗肥。过去家家户户的院墙外边都有粪堆，凡是庄稼主儿的户都有粪堆，收割下来的秫秸，地里打回的杂草，扫院子扫出的枯叶，全都可以送进粪堆，再把洗衣服、洗脸的脏水泼上去，用铁锨来回翻，堆在一起沤着，粪堆自己就会发热，再冷的天也不会冻。

沤好的粗肥可以在上冻的土地没有化开前送到地里，一旦化开了，地里很湿，人和车就进不去了。到开了春小麦返青时需要吸收养分，这些底肥就起了作用。如果在开春前没有施过底肥，也可以用这种粗肥来追肥，叫做“抓青”，就是在一些庄稼根的底下撒一些粗肥。冬季还有一个重要的活茬是搂柴火，过去的柴火非常珍贵，连树叶都被搂走当柴火烧，地里干净得连根野草也没有。

等雨春耕、抢三夏、忙大秋和忍冬已是过去时代农业生产的方式，随着生产技术的改进，农业机械化程度的提高，农民逐渐从辛苦的农业劳动中解放出来，每年用在农业生产上的时间不到一个月。

2009 年 11 月到 12 月底，在长沟镇旅游集散特色镇开发项目中，沿村整村被拆迁。2010 年 11 月底，沿村 698 户村民告别了过去的宅院生活，搬到长沟镇南 2 里地的回迁安置楼里，成为楼房居民。所剩耕地被村委会收回，集体经营。沿村人彻底告别了农耕时代，成为离土农民。沿村人正在走出乡土，但乡土对沿村人而言似乎并不完全意味着辛劳和苦涩。不时有村民回到已夷为平地的村旧址溜达，那里承载着太多对过去生活的回忆。

三　沿村荆编业的兴起

编筐是人类非常古老的一门手工编织技艺，世界各地几乎都发现了编织品。较为常见的有竹编、藤编、草编、棕编、柳编、麻编。沿村编筐的原材料为荆条，属于荆条编织一类，也有的将其归入柳编，或称之为条编，荆编在我国北方山区和丘陵地带较为常见。

编筐是沿村的传统特色副业，也是沿村世代相传的一门老手艺，这门手艺传承了多少年，沿村人自己也说不清楚，只知道打老辈开始，便有了这门手艺。据村中老人们回忆，他们的太爷爷这一辈便开始编筐。《民国房山县志》曾载：“房山山岭错杂多生荆条，而沿河各村亦出荻苇，因材制物其工可分为三类：笆，专编盖房之笆，俗谓之笆，匠居潘家庄、魏家庄等村；席，专编粗细芦席及囤圈等物，工人居沿河一带及二站等村；荆筐，专编各种筐笼罩畚等器，工人居沿村、南章、石楼、土洞等村。”[①]据此推测，沿村荆编业历史，至少可以追溯到晚清时期。民国时期是沿村荆条编织业发展最兴盛的时期，据村中老人回忆，村中除几户地主、富农外，几乎家家编筐。各户收入除农业生产外，几乎全赖编筐，荆编成为村民主要副业。直至1958年人民公社成立前夕，沿村一直保持多数家户从事荆条编织的传统。

大秋以后，农事基本结束，荆条也生长成熟，沿村人开始去周边山区采割或收购荆条，经过浸泡、晾晒、磕杈等工序，将荆条编成筐、篓、篮、筛等日用器皿，再拿到集市上出售或串乡叫卖。房山一带所编荆筐属沿村最好，种类达数十种，工艺精湛，样式美观，周边乡村尤其是房山东南部平原和涿州北部地区，所用荆筐多数出自沿村。当时还有一句称赞沿村编筐技艺的顺口溜：“七贤篮子，沿村的筐”，大意是说若论编篮子七贤村最有名，若论编筐沿村最有名。沿村是当时房山和涿州一带有名的荆编专业村。沿村荆编制品主要销售至房山东南部平原和涿州北部一带，另有远自文安、霸县的客商也成批量购买沿村荆筐，再转运至北京、天津、保定等地倒卖。

低产多灾是华北旱作农业的特征[②]，尤其是进入20世纪以后，在土地兼并、战争和匪患等诸多因素的影响下，华北的农民负债增加，贫困化加剧，生活水平总体上呈下降趋势。[③] 据1934年河北省调查，房山县耕地面积37.98万亩，总人口18.29万人。人均耕地面积约2.08亩。总农户2.52万户，户均耕地面积约15.07亩。[④] 新中国成立前人均耕地面积仅1亩多，未达到房山地区平均水平。1920年、1942年、1947年房山均遇大旱，春至夏数月未雨，田裂禾枯，颗粒无收。1937年、1939年、1949年都发生了较大水灾，沿河农田全部被冲毁，房屋倒塌无数；另有风灾、

① 廖飞鹏、马庆澜：《房山县志》第1928编，第489页。

② 张亚星：《20世纪初期华北农村经济变迁》，《湖北科技学院学报》2012年第11期。

③ 王卫红：《20世纪二三十年代华北乡村危机的表现及其影响》，《沧桑》2011年第3期。

④ 北京市房山区志编纂委员：《北京市房山区志》，北京出版社1999年版，第110页。

虫灾和雹灾时常发生，给农业生产造成了极大破坏。[①] 沿村旱地居多，位于拒马河支流北泉水河畔，同样深受水灾和旱灾之害，农作物收成极低。周边村落，如东西长沟，太和庄因紧临集镇，农耕之外靠做小买卖为生计。东西南北四甘池和坟庄，稻地较多，经济水平整体高于沿村，无一户以编筐为生计。靠近北边山区的天开村、孤山口村，因临近煤窑，靠驼卖煤、走窑为生的村民较多。迫于生计压力，也因独特的资源环境，促使沿村人选择了荆编生计。

沿村编筐业兴起，依赖房山一带丰富的荆条资源。荆条是一种落叶灌木，多生于山地的阳坡。房山地处太行山和华北平原的过渡地带，西部、北部为连绵起伏的山地，东部、南部是一片缓慢倾斜的平原，在西部和北部中山、低山和丘陵地区，分布有大量荆条灌丛。沿村为平原村落，不生长荆条，沿村人一般去西北边山区割荆条或是去周边集市买荆条。由于多数家户都从事荆条编织业，荆条需求量大，沿村后街逐渐形成买卖荆条的早市，集期为每旬二、四、七、九，每到集日，不少山区村民来此售卖荆条，为图便利，一些家户选择在早市上购买荆条；另一些家户依然喜欢去山里割荆条，一来节约编筐成本，二来自己割的荆条质量较好，利用率高。

沿村境内有拒马河的支流北泉水河穿村而过，北泉水河发源于长沟镇北的寿阳山麓，流经甘池四村、沿村、东西长沟，最后蜿蜒流入涿州境内。北泉水河流经村西，沿村人称其为“西河沿”、“西大河”，沿村村名也是取河边村落之义。北泉水河不仅为沿村稻田提供了灌溉之利，也为编筐的重要工序——浸泡荆条提供了条件。刚刚割下的荆条不适合编织，需要在水中浸泡数日，变得柔软有韧性后方能使用。沿村人浸泡荆条有两种方式，一种是放在村西的北泉水河中，北泉水河为拒马河在房山的支流，水源主要来自沿村村北的甘池泉群，自西向东蜿蜒穿村而过，常年不断，冬天亦不结冰，“破五”以后便有村民开始浸泡荆条，各家各户浸泡的荆条捆沿河岸排开，成为沿村的特色风景。另一种方式是放在村中的积水坑中，这些积水坑既有因地质作用自然塌陷而成，也有因人为取土而造成，相比河水，积水坑中水温稍高，浸泡荆条所需时间也稍短一些，但因为是

① 游来柱：《房山文史资料全编第十九辑》，中国人民政治协商会议北京市房山区委员会2003年版，第1—3页。

死水，浸泡荆条后常发出难闻的臭味，也被称为“臭条子坑”。

邻近集镇的区位优势，亦为沿村编筐业兴起提供了有利条件。沿村所隶属的长沟镇风景秀丽，历史悠久，春秋战国时为北燕涿邑，秦时属广阳郡，西汉曾属幽州涿郡西乡县，虽经历代区划更迭，但一直是畿辅重地。作为京都通往山西的要塞，长沟历来是兵家必争之地，也是商贾云集的重镇。中华民国时期长沟镇由两县所辖，东属涿县，西属房山，成为京南交通要道，东至繁华一时的水陆码头琉璃河去京，南至涿县县城通保定，西至张坊可达涞水、易县，北至周口店灰煤区和房山县城，是房、涿两地有名的集镇，每旬二、四、七、九为集日，上市以粮菜为大宗。沿村距长沟镇仅三里地，去长沟集上卖筐成为荆筐销售的主要方式。新中国成立前，长沟集北面一胡同专门设有“筐市”，卖筐和买筐的人全都聚在这里。

明清以来房山矿业尤其是煤业和烧灰业的兴盛，带动了沿村荆编业的发展。据清乾隆二十七年（1762）统计，房山正式开采煤窑 140 座，停业及尚未开采的煤窑 80 座。石灰烧制业在房山也有久远的历史，民国十七年（1928）《房山县志》和《西山地质志》对房山的石灰产地和销售情况均有详细记载。[①] 民国前房山的煤窑和灰窑多为民窑，开采和加工主要依靠人力，井下煤炭运输由矿工用背篓或拉煤筐将煤运出，拉煤筐是一种长方形的扁筐，为了省力，下面铺有木轨，木轨上钉有铁条，以减少摩擦力。[②] 煤炭外运主要为牲畜驮运，除煤口袋外，驮筐（也叫拢驮）也是主要的驮运工具。灰窑生产中往往需要用端筐，也称岔子，近距离地运送土、煤、灰、石碴等。煤业和灰业的发展增加了对拉煤筐、驮筐和端筐等运输工具的大量需求，从而促进了沿村编筐业的发展，使得沿村不仅生产普通的日用荆编品，也生产专门的矿业生产用具。新中国成立前，沿村有不少的家户专门生产端筐，供周口店一带的灰窑所用。

---

① 北京市房山区志编纂委员编纂：《北京市房山区志》，北京出版社 1999 年版，第 180、189 页。

② 袁树森：《老北京的煤业》，学苑出版社 2005 年版，第 25 页。

第三章　日常生活、共同体与手工技艺传习

一　荆编生计的选择

农民的生计选择具有很强的路径依赖，在没有其他更好选择的情况下，多数人会选择像父辈一样，以编筐为副业。但如何走上这条路，却因家境和个人而异。

（一）并非自然而然的子承父业

沿村人编筐手艺的祖辈传，可以算是一种子承父业，但这种子承父业不是一个自然而然的过程。在最初的生计选择中，人们往往没有选择编筐这一行。GR 今年 82 岁，是沿村编筐人中岁数最大的一位，谈起自己的编筐经历，他说：

> 我们家啊，几代人都编筐，从我爷爷到我父亲都编筐，我们兄弟四个，我大哥种地，二哥编筐，我和我老兄弟那阵还小，没有学编筐。我有个亲戚在北务开棉房，叫我过去帮忙，我就去了，那时刚 16 岁。初去时是轧棉花，到 18 岁时开始弹棉花，后来日本人进村把棉房给烧了，我也就回家了。回家时刚好是冬闲，干什么呢？总不能闲待着吧，我就和我二哥一块去门头沟背煤，没干几天，发生了一件事：那天我在矿井里背煤，不小心把一根备用的窑桩给碰倒了，刚好砸在一个小伙子身上，还好他没有受伤，那小伙子挺老实，我问他话他也不言语。等收工后，我心里越想越不踏实，和我二哥商量，觉得这事没完，没准那小伙儿还会找我们，再说这“走窑”的活儿也不安全，矿上常出事，老话不是说吗：“吃阳间饭，干阴间活”，第二天一早，我和我二哥把工资一结就回家了，回家后我就跟我父亲学编

筐，这一编就是一辈子。

GR 的故事代表了许多老一辈编筐人的择业经历：最初选择了编筐之外的行当，辗转起伏后才选择了这一行。编筐这行辛苦费力、地位较低，年轻人如果有其他的生计选择，一般不会主动选择这一行。为何最终还是选择编筐，或许不能简单地解释为遇到挫败后无奈的选择。房山有许多煤窑，"走窑"因而成为重要的生计方式，但沿村的许多人和 GR 一样，更习惯于选择编筐，而不是"走窑"。从收入来说，"走窑"比编筐挣钱多，而且煤窑当天结账，钱来得快；从辛苦程度来讲，编筐也不比"走窑"轻松，从上山割荆条到泡条子、磕杈到最后的编织，要花费不少时间，编筐也是个脏活儿，从水里捞出的条子味道很臭，沿村人称它为"臭条子"。但多数沿村人还是选择了编筐，主要图的是编筐这一行当的安稳和踏实，而"走窑"太不安全，随时会有性命危险。

老一辈许多编筐人和 GR 一样，最初没有选择编筐，但后来却在这一行干了一辈子。在他们身上，有一股手艺人身上特有的安静和淡定，在靠天吃饭的农耕时代，手艺带来的可能是一种更有尊严的生活，不用惧怕旱涝饥荒，也不需要攀慕富贵，而是依靠自己的本事吃饭。

（二）成家与立业

不少家户选择编筐的直接原因是"填饥荒"，"填饥荒"是房山一带的俗语，即为还债的意思。为儿子娶媳妇是农户家庭的大事，也是一笔重要的开支，一般的农户家庭常常为此背上"饥荒"。SP 今年 70 多岁，是个乐观的老人，虽然一直以来生活比较困顿，但言谈举止之间却流露出一股达观、豪迈之气。他告诉我：

> 丫头啊，你不知道，过去生活有多苦。我结婚那会儿，我父亲 72 岁，母亲 60 岁，我是家里的独子，别提生活负担有多重了。你大娘是坐轿子过来的，打她以后就不兴坐轿子了，这结婚的钱全是从亲戚那儿借来的，等到结完婚后，我母亲一算账，发现欠了 20 多元的债，偷偷大哭了一场。怎么办呢？这父母年纪大了，我们又是刚刚结婚，不能出去，只能找一份守家待业的活儿，干什么呢？那就编筐吧，我父亲不会编筐，我找我叔叔学的编筐。这编筐又不需要什么本

> 钱，钱来得也快，说是“早上没饭吃，晌午就有马骑”。过去筐也好卖，编几个背筐，拿出去卖了马上就有活钱了，一点一点地把卖筐的钱攒起来“填饥荒”。这一编就是一辈子！

在年轻一辈的编筐人中，也有不少像 SP 一样为还债而踏入编筐这行的，他们还有一个共同的特点，都是成家时正式踏入这一行当的。如BSW，今年 50 多岁，结婚前也跟着父亲编筐卖筐，但只是帮一些小忙，没有想过是否要干这一行。等到结婚了，开始意识到身上的责任和重担，便正式干起这一行。在传统观念里，结婚是人生中一个重要的结点，尤其是赋予了男子家庭的责任和义务，在这一点上，“成家”与“立业”紧密相连。“家”和“业”在沿村人看来是人生意义的依附，没家没业是最为可怜的一种人生状态。

（三）编筐手艺是个宝

在沿村人眼中，SZH 算不上“老编筐的”，村里人告诉笔者他只是有限地编。笔者最初以为 SZH 编筐编得少是因为他不太看重编筐，但在后来的访谈中，我发现他甚至比老一辈编筐人更加看重编筐这门手艺。

> 我呀，什么都干过，年轻时在公社的企业里当会计，83 年（1983 年——笔者注）分地后，企业不行了，我也就歇了。那阵年轻，多累都不怕，在外面打工，什么都干过。后来我父亲跟我说，让我练练编筐这手艺，他说光有这笨力气不行啊，你得维持家庭生活，你现在年轻什么都能干，但上了岁数怎么办呢？现在生活条件好了，但生活尽这样吗？社会条件尽这样吗？不可能。这人生总有起伏，搞企业也好，干其他的也好，有红火的时候，也有不行的时候，等你岁数大了，别人不用你了，你怎么办呢？所以过去老辈子把编筐当成一门手艺。比如说，我这家里现在又没钱，又没吃的，又没喝的，现在我会这手艺，赊点条子编出筐来我就能生活了。我听我父亲说过，有一年年头不济，到了年关该过年了，家里什么都没有，到年底了，家里大人孩子总得改善改善伙食吧，我父亲就从一个老乡亲那儿赊了 200 斤条子，编出筐来卖了钱，什么吃的、喝的、油盐酱醋、过年用的香蜡纸马、老太太用的针头儿线脑儿也就都有了。我和我兄弟都练

（学）了，我会了这手艺以后，年年都编筐，那几年在北京替人看库房，我也没断过，万一我那儿歇了，这到家泡上条子就是钱，你看我这院里还有好多条子和筐锔了。别人都说这编筐不值钱了，我看只要有农村，这筐就用得上，这编筐的手艺就是个宝。

尽管 SZH 只是将编筐作为兼职，但在他干过的各种工作中，恐怕编筐是他最不愿意舍弃的。当年他在公社企业里做会计，在村里人看来这是一份让人羡慕的工作，然而企业不景气被辞退；在北京替人看库房，干了四年，因为岁数大了又被辞退，人生的起伏更让他懂得编筐这门手艺的可贵。现在 SZH 在长沟的一家铝合金厂做门卫，每月能挣 500 元钱，加上国家给的每月 200 元钱的养老补贴，基本生活没有问题，但老伴儿身体不好，打针吃药需要花费不少钱，所以在家休息时 SZH 仍坚持编筐。

关于农民经济行为选择问题，曾有过“形式主义”和“实体主义”的激烈争论，也即“理性小农”与“道义经济”两个命题之争。形式主义论者认为小农的经济行为，绝非西方社会一般人心目中那样懒惰、愚昧、没有理性，小农和资本主义企业家一样，是一个在权衡长、短期利益后，为追求最大利益而作出合理生产抉择的人。实体主义论者则认为不能简单套用资本主义经济学的概念来分析前资本主义社会的小农经济，小农经济主要是为了满足其家庭的消费需要，而不是为了追求最大利润。避免风险、安全第一和在同一共同体中尊重人人都有维持生计的基本权利的道德观念，才是小农经济行为的主导动机。[①]

后来的学者对这一争论的批评主要集中在两个方面：一是认为无论是形式主义还是实体主义都存在单一化解释的倾向[②]，仅凭理性或道义都不能充分解释根植于具体社会文化关系中的农民经济行为。在对农民经济生活的研究中，许多学者采用的是综合视角，如黄宗智在《华北的小农经济与社会变迁》中将小农既看成是一个追求利润者，又看成是维持生计的生产者，同时也是受剥削的耕作者。[③] 二是认为“理性”和“道义”之争都是在理论层面讨论农民问题，可以形成完全合乎理性的假设，但与

① ［美］黄宗智：《华北的小农经济与社会变迁》，中华书局 2000 年版，第 1—4 页。

② 张佩国：《近代江南乡村地权的历史人类学研究》，上海人民出版社 2002 年版。

③ ［美］黄宗智：《华北的小农经济与社会变迁》，中华书局 2000 年版，第 5 页。

现实常常会有距离。对农民行为的分析必须放在其特定的、具体的生存境遇、制度安排和社会变迁的背景中进行。[①] 在对当代农民经济生活的实际考察中，学者们已注意到现代化进程中中国农民由生存理性向经济理性的转变以及在自然环境、历史记忆、主流话语、国家和市场的控制、全球化进程的具体情境下农民行为选择中道义和理性的复杂交织。[②]

“理性小农”与“道义经济”两个命题，最初是围绕传统农民的农业生产行为而提出，但对于理解沿村人的副业选择行为亦具有启发意义。由以上个案来看，沿村编筐人的生计选择兼有理性和道义的影响。编筐最直接的动因是为家庭增加收入，但选择编筐并不完全由扩大收入的经济理性来决定，规避风险、对生存安稳的追求甚至是更为重要的决定因素。GR在“走窑”和编筐之间选择了编筐，体现了对生存稳定的追求。SZH有较为稳定的收入，但仍然没有放弃编筐，与其说编筐是出于增加收入的目的，不如说是从中寻求生存的稳定和保障，在他看来其他职业随时都可能先去，唯有编筐技艺可以终身拥有和享用。这大概也是沿村编筐手艺传承这么多代人的内在动因，祖辈们传下的不仅是一种手工技艺，更是一种生存的智慧，也即如何通过手艺在变幻起伏的人生中寻求安身立命之所，减少靠天吃饭的农业生产带来的畏惧，寻求更有尊严的生活。沿村编筐人的生计选择更多体现了对道义经济和生存安全的追求。

二　荆编技艺的传习方式和特点

编筐不是什么复杂的技艺，不需要特意拜师学艺，一般看一看别人怎么编，自己再练一练，差不多都能学会。对于多数沿村人而言，编筐不是特意学来的，而是日常生活中自然习得的，沿村人自己常说：“我们沿村编筐没有师傅。”

（一）家族内的传习

乡村社会的差序格局使家族内部传习成为新荆编从业者的首要选择。

---

① 参见郭于华《仪式与社会变迁》，社会科学文献出版社2000年版。

② 李丽：《郎德工分制中的道义、理性与惯习——农民行为选择的田野研究》，贵州师范大学2008年硕士学位论文。

在笔者调查的荆编艺人中，尤其是老艺人，多半都是从父亲或叔父、伯父那里习得荆编技艺。聚族而居的传统为技艺传习提供了便利。白、王、邵、陈为沿村大姓，主要居住在沿村街里，张姓有两个家族，集中居住在村东和村西，村南主要是王姓、汪姓等看坟家族居住。此外，一直到人民公社成立前期，沿村一些家户仍保持不分家传统，为荆编技艺的学习和相关知识的传授提供了家庭氛围。大家庭中编筐的人多，晚辈可以向父亲、伯父、叔父等多位长辈学习，不仅是有意无意地看他们怎么编筐，而且听长辈们谈论有关筐的话题，跟随他们一起去集市卖筐，都是习得编筐知识的重要途径。

GFX 的手艺是跟随父亲和二伯父学的。他爷爷在世时不让分家，四个儿子成家后仍然住一起，大伯父负责种地，二伯父和父亲负责编筐，叔叔则负责拉车。他从小便看着父亲和二伯父编筐，先是用荆条杈编小篮儿玩，等到十七八岁，父亲和二伯父开始教他编筐，外出卖筐也带着他，慢慢地他开始学会独立编筐卖筐。GFX 告诉我，他年轻时编过一段时间的筐，是跟老李家学的手艺，因他父亲是从老李家过继来的，虽然他们不姓李，但仍和老李家来往密切。

BSW 编筐的手艺算是自学，父亲不愿意让他学编筐，希望他好好念书，所以没怎么教他编筐的手艺。但他不喜欢念书，反而对编筐很感兴趣，他很好奇一大堆荆条如何变成一个好看的背筐。很小的时候，他便拿着小条杈编小篮子玩，父亲在一旁编筐时，他则非常用心地去看去琢磨，同龄的许多年轻人，可能还没有学会打底，他便已经学会了好几种筐的编法。学编筐不论辈分，同辈之间也可以相互学习。CW 的编筐手艺是跟他弟弟学的，他过去靠给富农扛活和挑八根绳做小买卖生活，后来岁数大了，身体也不太好，便决定学习编筐。由于过去没太接触过编筐，所以学起来有些困难，但他弟弟非常耐心，几乎是手把手地一点点地教他，前前后后大概花了一个月的时间，终于学会了背筐的基本编法。在沿村人学编筐中，他算是学得比较慢的，当然这与他从小不是生活在编筐家庭，又是中年以后才开始学编筐有关。对于那些从小就在编筐家庭长大的孩子来说，学习编筐很快，一般的人也就几天工夫便能学会，心灵手巧的人几乎一瞧就会。

对于长辈而言，一般不会逼迫晚辈从事编筐这一行，但会传授一些编筐的手艺。如前文提到的 SZH 对编筐手艺的选择和学习，有赖于父亲对他的叮咛。但年轻一辈，尤其是新中国成立以后出生的几代人，很少能有人像他那样体会到父辈的良苦用心，因为他们的成长环境和父辈们不一样，所以在价值观念和职业选择上不同于父辈。

LDL 编筐的手艺在沿村算是数一数二，在房山和涿州一带也很有名，然而他的五个儿子没有一个继承他的手艺，倒不是他没有教，而是儿子们都不愿意学。LDL 是 1920 年生人，已去世多年，他的大儿子谈道：

> 我父亲编筐那可是出了名的，房山和涿州一带都知道，但我们哥儿五个没有一个学编筐的，编筐这活儿脏，捞起来的条子臭烘烘的，尤其是冬天，在屋里编，到处都是条子杈。从小瞧编筐瞧多了，都不愿意编，再说干什么不行啊，干吗非要编筐？我们其实也练过，我父亲性子急，看我们练不好就骂，脾气来了还得揍我们，我父亲聪明，他编筐的手艺完全靠自学，他瞅一下别人怎么编自己就会了，所以他也差不多这样要求我们，但我们哪能跟他比，最后我们兄弟几个都不敢学了，怕挨揍。其实我也会编，只是不编，我自己有车，跑一些运输的活儿，生活还过得去，我几个弟弟条件都不错，有的在北京，有的在良乡。

对于 LDL 的大儿子来说，父亲的编筐生活只能代表过去，当问及编筐手艺失传了是否觉得可惜，他笑了笑，说："这有什么可惜的，时代在进步，我们那一代人都不学，更何况现在的年轻人。"不过，村里的人觉得 LDL 这么好的手艺都没有留下来，有些可惜。

SZQ 也教过儿子编筐，但不知是儿子没有用心学，还是确实没有编筐的天赋，始终没有教会他们。他告诉笔者，大儿子学编筐还行，跟着他练习几天后就会编，但出去卖了两回筐后又不想干了，说是胆小害怕，做不了买卖。二儿子手笨，学习打底时前前后后拆了七遍，还是没学会。两个儿子都没有学会编筐，SZQ 曾经惋惜了很长一段时间，但现在两个儿子都过得不错，大儿子做水暖工，专门替人安暖气，二儿子在北京开出租车，也算是有手艺在身，他也安心了。不过看着儿子们在外面辛苦地打工，他还是觉得编筐好，至少编筐不受人管制，有更多的自由。

年轻人往往不喜欢编筐，所以长辈们在传授编筐的技巧和方法前，往往会告诉他们编筐这一行的诸多好处，以此来吸引他们学习这门手艺。

BSW告诉我，小时候他爸爸就常常告诉他，说编筐这一行赚钱快，用这里的俗语说，叫“早清没饭吃，中午有马骑”。说是早清还没有饭吃，编几个背筐就可以拿出去换钱买米、买面，晌午就有饭吃了。他爸爸还跟他讲过一个故事：说沿村东攒有一户人家，给儿子说好了媳妇，眼看要喝订婚酒，家里却什么钱都没有，全家老少就开始编筐，妇女们磕杈，老人们编，年轻人负责卖，几天下来就把办订婚酒的钱给赚回来了，最后风风光光地把婚事给办了。

BSW的父亲已去世好几年，他自己的儿子也已娶妻生子。他儿子在外面做油漆工，有时看着父亲编筐，便生出念头想学一学，BSW拒绝了他，说家里条件再不好也不让他学编筐，儿子解释说，他学编筐不是为干这一行，而是想着以后没人编筐也没处买筐时自己能编一个自己用。BSW答应教儿子了，但他嫌儿子太笨，儿子被他吼了几次后，再也不提学编筐的事了。

（二）老乡亲之间的传习

向家族和宗亲之外的老乡亲学艺在沿村也很普遍。一种情况是家族中确实无人会编筐，只有找同村老乡亲学习。沿村虽然不是户户编筐，但编筐手艺却是全村人共有，年轻人只要想学，找村里的叔叔们都可以学。过去邻里关系一般都处得不错，遇到婚丧嫁娶、盖房等大事，相互都会帮忙，平常生活中也互相照应，向邻居学习编筐的手艺在沿村是很平常的事。一般也不用专门地学，看见邻居在编筐便用心看，自己练习时不会编或编不好时问问邻居。邻里之间来往密切，经常互相串门聊闲天，有时一边跟邻居聊天，一边看他编筐，便把基本的编法学会了。

GR今年85岁，在沿村算是“老编筐的”，他18岁开始编筐，直至2010年才歇下来。他讲述了沿村荆编技艺传习的情况：

> 新中国成立前啊，我们村几乎家家都编筐，那编筐不用单学，瞅着瞅着就会了，那叫“眼里儿出气”。我小的时候就看着我父亲和他编筐，自己用那条杈儿编小篮儿玩儿，等到十七八，就开始自己绕，不会的地方父亲也会告诉我，绕几回自己也就会了。也跟老乡亲们学，串门时瞅着他们编，不懂的也会问两句，都是一个村的，知道了还不跟别人说啊？有时候天热，大伙儿就在树荫下一起编，也互相逗

着，什么都说，也说这编筐的手艺，那些半大小子，没事的就在旁边瞧着，那心气儿灵的没准儿就瞧会了。

相对于其他手工技艺而言，荆条编织难度不大，一般通过模仿和练习即能掌握。不同于严格意义上的师徒传承，基于血缘和地缘关系之上的村落内部交往成为荆编技艺传习依赖的社会网络。沿村人称没有血缘关系的同一村的村民为“老乡亲”，如果家族中较为亲近的长辈不会荆编手艺，一般会选择向关系较好或近邻的老乡亲学习荆编手艺；即便家族成员会荆编手艺，但因荆编种类和水平有限，为了学习更多荆编技能，也会向村中老乡亲学习和请教。对沿村人而言，老乡亲之间相互学习和请教荆编技艺是平常之事，也是理所当然。如同访谈中老人所言“都是一个村的，知道还不跟别人说啊”，老乡亲之间的技艺传习渗透着村落共同体的行为规范和习俗，从道义上说，每一位共同体成员都有义务向其他成员传授荆编技艺，同时也有资格向其他成员学习和请教，这些权利和资格基于历史和当下的共同体成员之间的诸多互惠交往，同时亦再生产和强化这种互惠。沿村老乡亲之间的技艺传习融在串门、街头闲聊、婚丧嫁娶、仪式节庆等日常交往中，成为日常生活中自然而然的组成部分，这些依赖村落社会关系网络和日常交往场景的技艺传习，显示了村落共同体成员间的亲和感和责任意识。

另一种情况是家族中虽有人会编筐，但为便利或考虑到实际交往关系的亲密程度，往往找街坊邻居或关系好的老乡亲学习。白姓是沿村大姓，从事荆编家户很多，但 BG 并没有从宗亲那里学习编筐，而是拿了一捆荆条，跑到隔壁的一位老乡亲那里，边看边练边学，不到一星期便会编最简单的荆筐。两家一直来往密切，婚丧嫁娶都互相帮忙，这位老乡亲去世时，BG 还抹过好几回泪。CW 有一次在家编筛筐，因为好久没编了，忘了怎么收沿，便去找他三舅，虽然叫三舅，实际上只是一个官称。CW 的父亲是韩村河镇的天开村人，母亲是沿村人，因老家宅基地比较紧张，便在这村落户。CW 和他三舅家是街坊邻居，都住在后街一片，而且和三舅家的儿子和侄儿都是同学，经常在一起玩，所以关系不错。LDL 家是村里的外来户，全村姓蔺的就他们一家，他父亲以挑八根绳做小买卖为生，不会编筐。LDL 的编筐手艺全是从邻居和老乡亲那里学的，反而是像他这样的没有正式学过编筐，靠向邻居和老乡亲们“偷艺”的人最后却成为沿村最好的编筐艺人，这就更印证了沿村人常说的那句话："我们沿村编筐没有师傅。"

民国至新中国成立初是沿村荆编业最兴旺的时期，荆编种类达 30 多种，但并非每户人家都会这些花样，这在客观上促进了荆编技艺在家族外传习。SZQ 是沿村编筐能手，会编多种花样的荆筐，向他学习技艺的并不局限于家族中晚辈，还有许多老乡亲。学习的方式也各有不同，有登门拜访专门请教的，也有闲谈中取经的。

（三）日常生活中的技艺传习

荆编技艺传习更多地靠在日常交往中模仿、观察和询问。村民日常生活即是学习荆编技艺的场景。夏天村中有树荫的空地上，不少编筐人聚在一起编筐，旁边还有聊天的人群和玩耍的孩子。编筐人之间有技艺、知识和市场信息的交流，围观者也在"看"和"听"中有意无意地习得荆编技艺。冬天天冷，有时候就在屋里编筐，串门的人也可借此机会用心模仿编筐技艺。

"看"不是一般的看，而是用心去看、去学，沿村俗语谓之"眼睛里会出气儿"。一般人只会看到打底、编帮和收沿几个基本步骤，会看的人却能看出每一步包含的技巧和门道。比如说编帮，有的人编得松懈，有的人编得紧密，会看的人便会琢磨其中的原因，仔细观察老编筐人怎么使纬条和经条紧密结合。铺底时如何使筐底平整结实；编帮时哪些部位需要用手往里摁，都需要用心去看。心灵的人学编筐一看就会。LDL 心灵手巧，只要看看筐的样式便大致知道怎么编，一般人只会编背筐、鸡笼、叉子等，他却能编数十种筐，这些筐基本都是他"看"会的。像背篓和窑筐，沿村人编得少，没有现成样式，他便去集市和煤窑看样式，回来后琢磨琢磨就能编。CW 告诉笔者，他小姥爷编筐手艺不错，无论编什么筐一瞅就会，有一次不知从哪里弄来一个柳条花篮，他看着觉得挺新鲜，便去附近割柳条，照原样重新编了一个，编得非常不错。

一看就会的人毕竟是少数，多数人还是需要练习。以编背筐为例，一般编几个也就基本学会，但要达到较为熟练的程度，则需要更长时间。ZM 告诉我，他花了好几个月时间，才把编背筐的手艺练得基本像样。是否看会编筐的门道，主要看心灵与否，而练习的好坏则靠时间和毅力。老一辈编筐人讲，编筐这门手艺全凭时间，干的年头长了，那活茬就是不一样。年轻人可能编得快，但编出的筐无论样式还是结实程度，都比不上老编筐的人。所谓艺无止境，编筐虽是一门普通的手艺，但要达到纯熟和精湛的境界，恐怕需要长时间的练习，用沿村人自己的话说："且练！"

沿村编筐手艺的传习具有一定的地缘差异性。沿村共有街里、东攒、西攒、王家坟、汪家坟五个大的居住自然片，编筐家户主要集中在街里、东攒和西攒，王家坟和汪家坟很少有编筐的家户。倒不是因为街里、东攒和西攒保守，不愿传授编筐手艺，而是因为王家坟和汪家坟距离其他几个自然片较远，具有相对独立的日常生活空间，因而缺乏在日常生活中习得编筐手艺的条件。另外，在王家坟和汪家坟居住的大多是看坟家户，当初落户在这里，墓主为他们置有田产，看坟家户世代以种地和看坟为生，没有形成编筐传统。

街里虽是村中老户的居住区，逢年过节时亦为村中文化活动中心，但从生活富裕程度来说，街里不如王家坟和汪家坟。王家坟和汪家坟的家户种植的稻地多，村中大部分稻地归他们所有，街里的家户多种植旱地。稻地依靠北泉水河的自流灌溉，每年都有稳定的收成，旱地则完全靠天吃饭，遇到年成不好，收获的粮食就很少。过去大米也比小麦和棒子值钱，相对来说王家坟、汪家坟一带的生活比街里富裕，这在一定程度上也影响到他们生计方式的选择，对于王家坟和汪家坟的一些家户来说，不需要依靠编筐来帮助维持生活。另一个原因是王家坟和汪家坟距离长沟镇较近，在农耕之外生计方式的选择上更偏向于选择去长沟集上做小买卖，而不是编筐，由此看出居住的地缘格局对日常生活的影响。沿村编筐手艺传习的地缘差异性，也在一定程度上说明编筐手艺的日常生活传习特征，如果是师徒传承，在一个小的村落中便不大可能形成如此明显的地缘差异性。

相对于其他技艺，荆编工序并不复杂难学，没有保守的必要，加之血缘、地缘、信仰等因素凝聚而成的共同体意识，促使荆编成为村民共享的技艺，从而超越家族和宗亲的界限，在村民日常交往中自然地传习，使沿村的宗亲、邻里和老乡亲之间的关系又添加一层"师徒"关系，当然这不是严格意义上的师徒关系，但在技艺的传授、习得和交流中却增加了施与报的恩情，维系和加深了乡邻之间的情感。

三　技艺传习中的村落共同体意识

（一）能人的共同体意识对新技艺传播的影响

地方能人的带动和示范效应，是促成专业村形成和发展的核心因素。[①] 地理环境只是提供经济发展的可能和基础，而要把这种可能变成现实，能人具有主导作用，这可以解释相似的地理环境下为什么有的村庄发展成了专业村而另外的村庄却没有。[②] 在技艺创新和传播中，技术能人往往发挥了很大作用。近代以来房山煤业日渐兴盛，土法采煤需用荆条编制的煤筐将煤从巷道中拉出，煤筐使用寿命短，一般只能用三到五天，需求量很大。老辈沿村人经常编制的是筐、篓、篮、筛等日用荆条器皿，多不会编煤筐，少数人能编出煤筐式样，但因没有掌握其中窍门，编出的筐松懈，不能用于煤窑。沿村有一位叫 LDL 的编筐艺人，手艺极好，平时也喜欢钻研荆编技艺，经常琢磨出一些新花样。他看到煤筐有如此大的市场，便利用去煤窑办事的机会，用心记下煤筐样式，回来后反复琢磨练习，终于掌握编制要领，并将这一新技艺传给村里人，沿村荆编品也因此扩大了销路。

LDL 算是促进沿村荆编技艺创新和市场拓展的能人，但尚需追问能人创新技艺并乐意传授技艺背后的深层心理动力？一些学者将其概括为“企业家精神”[③]，能人创新的背后是一种能评估和接收风险、寻求机会，开创新事业的行动精神。[④] 这一结论的得出更多的是建立在改革开放以后乡镇企业的实践经验之上的，对于沿村这样以家庭手工业为主的传统专业村，并没有真正意义上的企业家，用企业家精神来解释 LDL 的创新可能并不合适。彭南生在探讨近代乡村手工业发展中地方能人的

---

① 李小建、罗庆、樊新生：《农区专业村的形成和演化机理研究》，《中国软科学》2009 年第2 期。

② 高更和、石磊：《专业村形成历程及影响因素研究——以豫西南 3 个专业村为例》，《经济地理》2007 年第 7 期。

③ ［美］约瑟夫·熊彼特：《经济发展理论》，何谓、易家祥译，商务印书馆 2000 年版，第92 页。

④ 李小建、罗庆、樊新生：《农区专业村的形成和演化机理研究》，《中国软科学》2009 年第 2 期。

作用时指出，这些能人之所以能带动当地乡村手工业的发展，就在于他们为家乡引进了先进技术或新的生产方法，更重要的是他们都有爱乡爱国、报效桑梓的乡土情怀。①

相对于企业家精神而言，用乡土情怀来解释能人的创新，已触及专业村形成和发展深深嵌入的中国社会文化心理，尽管这一结论不是专门针对专业村，但仍有一定解释力。LDL 不属于在家乡开办实业，引进技术，具有杰出组织能力一类的村落精英，而是一位善于钻研、敢于创新的技术能手，用爱国、报效桑梓等字眼来评价他，可能有些拔高，但爱乡情怀他是具有的。LDL 父亲原是外村人，因生活贫困落户到沿村，靠挑担做买卖为生，不会编筐，LDL 的编筐手艺是跟村里老乡亲学的。由此来看，无论是他从同村人那里习得荆编技艺，还是他将新技艺传给同村人，依赖的都不是宗亲血缘关系，而是建立在村落共同体意识上的地缘关系，体现了村落共同体成员之间的亲和、信任和道义追求。尽管 LDL 已去世多年，沿村人提及他时，依然对他的手艺赞不绝口，言谈中充满自豪，LDL 精湛手艺所代表的不仅是个人的技能，也是整个村落的荣耀。

（二）技艺传承的村落边界

华北乡村手工业在近代经历了较大发展，一些手工业品类，其生产专业化单位也扩展至多个相邻村落乃至更大区域。但据笔者实地调查，近百年来沿村周边村落极少有荆编艺人，房山地区和涿州北部仅有沿村一个荆条编织专业村，沿村荆编技艺传承基本没有超越村落边界。对此现象，经济史研究一般侧重从资源禀赋和地理区位上寻找原因。在资源和环境条件方面，沿村的确存在发展荆编业的优势。房山西部和北部地区多山区和丘陵，长有大量荆条，能为荆编提供原材料。沿村境内有拒马河支流北泉水河，是浸泡荆条的重要水源。此外，沿村紧邻“京南四大名集”之一的长沟集镇，销售荆编品极为便利。

但这些资源和环境条件并非沿村所独有。沿村属于平原村落，自身不产荆条，需要到周边山区采割，严格来说荆条资源并非沿村独有，而是为房山众多村落共享。至于临近水源和集市，亦非沿村独有。房山地表水资

① 彭南生：《半工业化——近代中国乡村手工业的发展与社会变迁》，中华书局 2007 年版，第 204 页。

源丰富，境内有河流13条，流域面积2019平方公里，覆盖全区[①]，像沿村这样临近河流的村落数量不少，如沿村所隶属的北泉水河流域，便有七个村落。明清以来，房山集市贸易兴旺，尤其是清末煤业、灰业发展和京汉铁路在房山境内的琉璃河至周口店支线的修筑，促成了更为密集发达的城乡集市网络的形成。民国时期，房山境内仅较大集市便有十处，且多为一旬四集。由此看来，房山不少村落都具备发展荆编业的资源和环境条件。

与沿村紧邻的有东甘池、二龙岗、北务、西长沟四村，这四村除北务外，其他三村都临近河流和集市，具备从事荆编生计的条件，但这四村自清末以来从未有家户从事荆编业。笔者调查时曾询问这四村中的老人："与沿村距离这么近，怎么不像沿村一样靠荆编为生？"多数老人都将原因归结为不会编筐，也即他们没有掌握编筐的技艺。在他们看来，荆编是沿村人祖传的手艺，不轻易传给外村人。一位二龙岗村的老人告诉我：

> 有一次，我碰巧上山割了点荆条，便琢磨着自己编个背筐用，因为背筐容易编，等到把筐帮编好准备刹沿时，却怎么也弄不好，我们村有个姑奶子是沿村的，我便拎着没刹沿的背筐去找她，想让她告诉我怎么刹沿，她什么也没说，把背筐拿到屋里头三下两下就刹好沿了，然后出来给我，我就知道沿村人保守，怕别人把手艺学走了。

关于荆编技艺传承对外村人的相对保守性，沿村人一般都不置可否，但据村中老人回忆，自清末至新中国成立前，没有听说有外村人来沿村学习荆编技艺。沿村荆编手艺也很少传到外村，周边村落仅北甘池村有一户人家会荆编手艺，户主原是沿村小伙儿，入赘到北甘池村后仍然从事荆编生计。荆条编织需要一定手劲，主要由男人完成，妇女只帮忙加工原材料，沿村姑娘一般不学荆编，这在一定程度上避免了荆编技艺外传。沿村荆编技艺传承主要局限在村落边界之内，加之传承年代久远，逐渐形成了一些特有的技术和风格。房山西北部山区有少量荆编艺人，河北省涞水县亦有像沿村这样的荆编专业村，但在花样、编织方法和形制上，沿村人与他们都有差异。

---

① 王淑玲：《房山自然资源与环境》，中国农业科学技术出版社2004年版，第261页。

沿村荆编技艺未曾扩散到村落之外，更多地印证了道义小农的观点。从事荆编业固然是为满足家庭生计需求，但村落共同体利益同样值得维护。沿村人深知荆编技艺、市场和声誉是沿村人共享的，个人和家户的利益与共同体利益休戚相关，技艺外传可能会导致外村人瓜分荆编市场，影响村落共同体整体利益。这些意识和理念可能从未言明，只是一种默契和自发行为，但却内在地影响着荆编技艺传习范围和边界。

沿村荆编技艺未能扩散到周边村落，除与村民在技艺传承上的保守性以及对共同体整体利益的重视有关外，还与荆编技艺传习特点有关。作为一门普通的乡村手艺，荆编技艺并不依赖正式的师徒传承，而是依赖家庭和村落的荆编生产氛围，经由耳濡目染和观察模仿等方式传习技艺和知识。从某种意义上说，这种传习方式打消了外村村民来沿村拜师学艺的念头，促成了荆编技艺传承边界和村落边界的重合，从而制约沿村荆编技艺向村落之外扩散。周边村落未掌握到荆编技艺，不能完全归因于村落共同体利益的排他性和技艺传习的保守性，不具备学习荆编技艺的环境和氛围，也是重要的客观原因。

从产业经济学角度来看，手工业专业村是乡村手工业生产在村落尺度内的集聚，集聚区内具有区外无法拥有的“产业氛围”，这种产业氛围也被称为“区域信息浑浊场”，即集聚区内主体之间具有特殊的、多种形式的信息交流方式和环境。① 区域信息浑浊场既包括面对面形式进行的专题信息交流，也包括随机的、没有事先计划安排的一般信息交流。这些交流是建立在区内行为主体共同的传统与习惯、类似的表达方式、对同一技术领域的共同兴趣和理解能力、易于沟通的基础之上，并且具有促进行为主体之间正式和非正式的相互学习的作用。荆编作为沿村人世代相传的技艺和劳作模式，其生产过程和信息交流，已成为沿村的日常生活场景，甚至已成为一种习惯，植根于沿村人的意识和行为中。沿村人从一出生开始，便自动浸淫于弥漫着荆编生产和话语交流的氛围和场景中，在这种生产氛围中，他们甚至无须刻意学习，便会逐渐形成关于荆编的技艺和知识体系，这些条件或说资源是其他村落所不具备的。沿村原有地理、行政、文化和社会边界形塑了荆编信息交流场的

① Storper, M. and Venables, A. J. Buzz: *Face - to - Face Contact and the Urban Economy*, Journal of Economic Geography European Journal ofolitical Economy, 2004, 4, pp. 351 - 370.

边界，限制了荆编技艺向村落之外扩散。

沿村荆编技艺未曾扩散到周边村落与这些村落的副业选择传统亦有关系。沿村周边一些村落在副业生产上有自己的传统和特色，比如上文民谚中提到的太和庄村、北务村和七贤村，便分别以推小车做买卖、磨香油和编篮为特色副业，对于这些村落的村民而言，即便具备荆编技艺学习条件，可能也不会选择荆编生计，因为农民的生计选择往往具有路径依赖性，他们更倾向于继承祖辈和村落的生计传统。如果说太和庄村做小买卖和北务村磨香油还带有一定经济理性色彩，因为相比而言，做小买卖的收益要大于荆编手艺，选择磨香油为生计主要是基于同一村落技艺模仿和学习的便利条件，那么七贤村选择编篮则更多地受制于村落之间副业选择的界限。七贤村和沿村一样，都是长沟集镇周边的编织专业村，两村相距不过七里地，但所用编织原材料和特色编织品却完全不同，沿村是用荆条编织各种筐、篮、篓、筛，编织制品种类丰富；七贤村则用横条专门编篮。为何会保持如此明显的区隔，可能存在历史的偶然因素，但村落共同体的边界可能会促成或强化生计选择的村落间界限。对于副业选择的村落特色，沿村一位老人形象地称之为："鸡有鸡路，鸭有鸭道。"

在传统乡村社会，村落之间不仅存在地理、文化和社会边界，在生计选择或劳作模式上也可能存在边界。这种边界不同于新中国成立后出现的村落集体经济边界，它的形成主要依赖村落和地方社会的内在力量，表现为一种自然而然的形成过程；而村落集体经济则更多地依赖国家和政府建设以及市场形塑，更多地体现村落自觉和自主意识。

第四章　手工业生产中的合作与村落认同

一　荆编的生产过程

（一）采割荆条

沿村虽是平原村落，但沿村人一年中有很多时间是与山为伴的，入冬以后，农事活动基本结束，沿村人便去西边和北边的山区采割荆条，一般要花近一个月的时间采割荆条，如果采割的荆条数量不够，也会向山里人购买。

荆条是一种落叶灌木，常生于山地阳坡上，形成灌木丛，其枝条坚韧，耐修剪，是编筐的好材料。沿村人称荆条为“梢子”，称荆条中没有开杈的独根枝条为“条子”，因而采割荆条被称为“割条子”“打条子”；平常为割柴火而割荆条，则被称为“割梢子”。荆条生长力旺盛，而且越割越有，被割过的那根枝条第二年会长出新枝，可以继续用来编筐。没有被割过的荆条则会分杈生长，不能用来编筐，只能当柴火用，沿村人称为老荆饽子。由此看出，最为普通的编筐手艺亦包含着顺天造物的智慧，编筐人懂得如何依赖自然从自然中获取，同时又不破坏自然。现在虽然提倡封山育林，原则上不让上山采割荆条，但采割荆条不属于乱砍滥伐，没有破坏生态平衡，而且现在编筐的人少，不会采割太多荆条，因而采割荆条一般不会被阻止。

沿村村北小山坡上也长有一些荆条，但数量不多，沿村人一般去村北和村西的山里采割荆条，有时也去房山西南的涞水、易县等地采割荆条，俗称“割条子”。北边周口店一带产煤，生长的荆条较脆，容易折断，沿村人称之为煤山的条子；西边张坊、大石窝还有西南涞水、易县等地生长的荆条柔韧性好，很适合编筐，属于百草坡的条子。进入暑伏季节，便有人开始采割荆条，此时采割的荆条为伏条，一般较湿，需晒干后才能使用，伏条的枝杈不是很多，磕杈时比较省事，但伏条有叶子，磕杈时需将叶子捋下，也叫“捋叶条”；进入秋季，荆条逐渐生长成熟，叶子也慢慢掉光，此时打下的荆条称为“秋条”，秋条的柔韧性和干湿度正好，是编筐的好材料。收秋以后，地里的农活忙完了，人们便去山里采割荆条，常去的地方有孤山口、上中院、圣水峪、篓子水、黄院、三岔等地。

采割荆条时，要挑选那些没有分杈的独根条子，有时候一大片丛生的荆条全是老荆饽子，割不到太多荆条，还得漫山遍野地找。割时镰刀要斜着割，以方便编织过程中插入荆条。荆条喜欢和带刺的葛针长在一起，一不留神衣服容易被钩破，手也可能被刺破流血。山路崎岖，尽是坡坡坎坎，不仅费鞋，而且还会有生命危险。据老人回忆，生产队集体编筐时曾组织村民集体去张坊穆家口一带采割荆条，没去多久便有人摔死了。沿村历史上很少发生这样的事，所以这次事件在沿村人记忆中留下了深刻的印象，谈到编筐时许多人都提及此事。SZQ 当年也经历此事，他告诉笔者当年发生这件事后，同去打荆条的人都红眼了，再加上当时临近年关，还没有等村领导发话，便纷纷卷起铺盖回家，拦都拦不住。暑伏季节山里常有蛇出没，加上蚊虫叮咬，此时采割荆条也是一项受罪的活儿。

新中国成立前，沿村编筐家户多，所需荆条量大，在沿村的后街自发形成了条子市，条子市的集期和长沟集一样，每旬一、四、七、九，周围的山里人尤其是北边的孤山口、圣水域的村民，一大早便将割好的荆条背下山，在条子市上售卖。除荆条外，条子市上也售卖一些小树或是用小树煨好的筐锔。条子市属于早市，到九点钟基本就散市，散市后卖荆条的山里人从沿村直接去长沟集，用条子市上赚的钱刚好可以在集市上买一些日用生活品。

（二）制作工序

沿村荆编品的种类有数十种之多，不同的品类编织方法有所不同，但打底、编帮和收沿是最基本的工序。背筐是沿村荆编品中的基本品类，主要制作工序如下：

浸泡　荆条打回来后，不能立即用来编筐，须放在水里浸泡一段时间。浸泡的时间依季节而定，春天一般要泡半个月左右，夏天则需一个星期。一般都放在西大河里浸泡，也有的在大坑中浸泡，坑里的水温高，浸泡的时间短，但因坑中是死水，泡出的条子有股难闻的臭味。泡好了再捞起来晾干，一般晾一两个小时即可，此时的荆条干湿度合适，既有韧性，又比较结实，可以用来编筐。晾好的荆条如果不立即使用，须用塑料纸将其盖起来，以免被风吹干。

从河沟里捞荆条

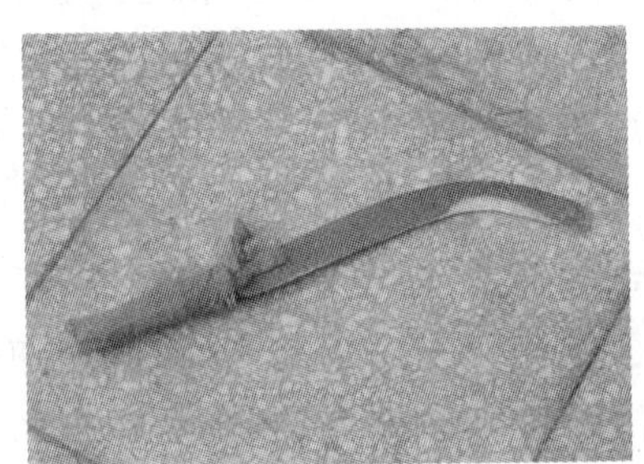

用来磕杈的钐谷刀

磕杈　磕杈的工具叫“钐谷刀”，形似镰刀，一头有把儿，另一头有弯钩，用钐谷刀将荆条上的小杈磕掉，使荆条变得光滑，这样编织起来就不会磨手，编出的筐看起来也美观。磕杈虽是一道最简单的工序，但初学者把握不好也容易把手弄伤。磕杈的工作一般由妇女来完成。

分类　采割的荆条有粗有细，为方便编织时选材，须将荆条按长短粗细分类。将一捆荆条竖起，底与地面平齐，用手抓起较长的荆条，反复几次后，大致能将荆条分类，太粗的荆条可用牛角戳子戳成三瓣。编织时根据编织部位的不同来选用不同的荆条。

盘好小五花的筐底

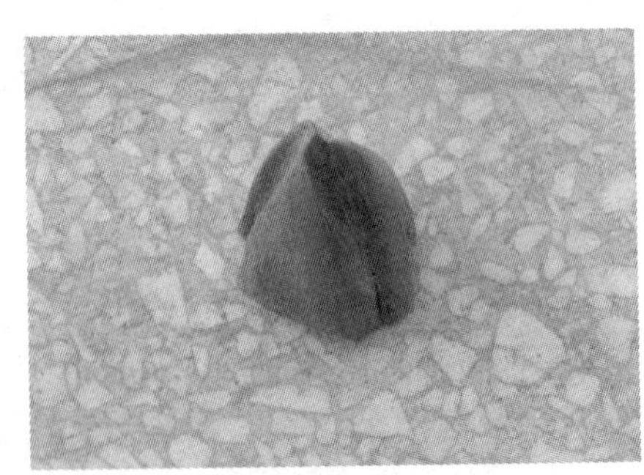

破条用的牛犄角

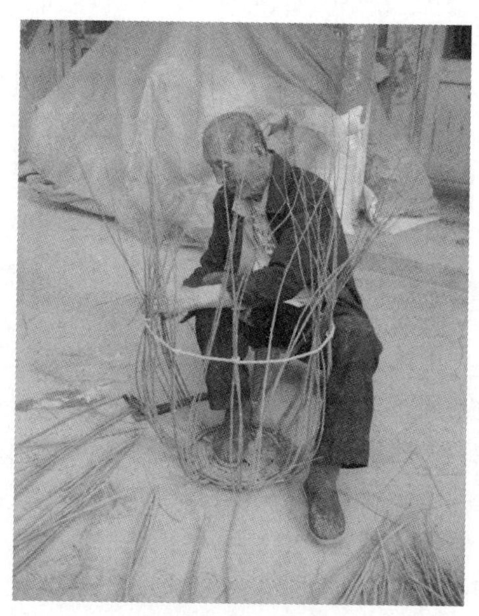

用拢绳将经条拢起

打底、铺底的经条一般要粗细适中，太细不结实，太粗最后不好刹沿。一根经由三根荆条组成，选八道经，两两相接，铺成“米”字形底。然后将6根荆条并排在一起，围绕米字形底开始编织，编时采用挑压法来回地绕，绕上一圈即可，俗称“小五花”，接着编“大五花”，基本编法和小五花一样，只是所用荆条稍多。然后开始用单根的荆条往外绕圈，一般用三根即可，称为“打圈条”。为使筐底平整，需在筐底和筐帮之间“打三梢”，即将三根荆条依次错开叠在一起绕圈，因为是四根叠加起来的，所以绕成的圈有一定高度，既可以形成底沿，又可以很好地管住往上蹶起的经条。在打三梢的过程中，顺便将筐锔和筐角固定在三梢中。筐角主要起保护筐底的作用，有了筐角之后，筐底便与地面保持一定距离，不容易被磨损。

编帮 打完三梢后将铺底的八道经竖起，竖起时用力须均匀，以保持筐帮的形状周正，再用一根绳子将其拢起，以固定筐帮的形状，这根绳子称为拢绳，是编筐必不可少的工具。编帮所用纬条可用较粗一些的荆条，用纬条与经条上下相互穿压编织，每编几圈后用扁锤砸紧，编的过程中随时插经，在打底时原来的八道经已被分成十六道，因而每道经须增插一根或两根荆条，插经时荆条需按粗细排列，一般是左粗右细，以方便最后的刹沿。

刹沿 编至六七寸后便开始刹沿，即将余下的经条依次横向穿压，最后用剪刀剪去多余的尾梢，筐帮便锁好口。所谓编筐编篓，全在收口，刹沿是关键的工序，筐沿一定要收紧，若不收紧则筐帮容易松散，看起来也不平整美观。

（三）荆编品的种类和用途

荆编是我国北方山区分布广泛的一种手工编织技艺，又因各地风土、气候、文化传统的不同，形成了各自不同的特色。沿村荆编在历史上不仅创造了丰富的种类，而且形成了精湛的技艺和独特的风格。

沿村荆编品主要为农业生产工具和日用盛物器皿，传统的品种有背筐、摘筐、筛筐、拉筐、菜筐、粪抬子、抬筛、车帘子、鸡笼、猫笼、叉子、笼驮、草囤子、囤底、篮子、篓子、荆排子等。这些荆编用具在过去的生产和生活中发挥着重要作用，尽管在现代生活中它们多数已失去使用功能，但作为“老物件”，它们又保留着过去时代的回忆，镌刻着人们曾经共有的生活方式和情感，也承载了人们用身体的实践来感知自然和社会的历史。

背筐是农业生产中最为常用的荆条编织品，在过去的时代，往往是家里有几个劳动力，便有几个背筐。背筐由筐头和筐锔组成，筐头约7寸深，筐锔一般用柳木煨成，主要用来装粮食、蔬菜、草和牲口粪。过去的运输工具主要有牲口驮子和小推车，但对山区和丘陵地带的一些崎岖小道来说，这些运输工具有时派不上用场，反而人力的背筐显得更为方便，因此每到麦秋和大秋季节，背筐便成为重要的载物工具，从地里收割的麦子或棒子，都可以用背筐运到场院或家里。冬季农闲时，家里的小孩背着背筐去驮道上拾粪。平常上地里干活人们也喜欢背上它，庄稼主儿讲究不走空道，干完地里的农活，他们总会用背筐背点东西回家，或是背一筐野菜，或是背一些柴火。

在不使用化肥的时代，积肥造粪是农业生产中重要的活动，因此粪抬子在生活中必不可少。粪抬子的底为圆形，约7寸深，直径2尺左右，筐沿上拴有四根绳，两人用棍子可以将其抬起。筛筐和抬筛在农业生产中使用很普遍。筛筐的底为圆形，约6寸深，筐沿上有两个提梁，俗称“耳朵”，筛谷时用得最多。抬筛的底为长方形，四边的筛沿上各有一个提梁，最宽的抬筛有 4 尺宽，8 尺长，集体化时期多用抬筛筛粮食。除了筛棒子和筛麦子外，抬筛还可以用来筛纸、筛煤球。

房山拥有丰富的煤、灰资源，在煤窑和灰窑里荆编织品也发挥了独特的作用。煤窑中用得最多的是“拉筐”，也称“拉煤筐”。拉煤筐的形状如同一只倒置的布鞋，底大口小，约半米高，1 米长。窑工们在井下用拉煤筐把煤拖拉出地面。为了省力，拉煤筐下铺有木轨，木轨上钉有铁钉，以减少摩擦力。灰窑中用得多的是叉子，也称“端筐”。叉子的形状类似簸箕，一侧有开口，圆底，一边有一个耳朵，小的约 4 寸深，大的约 6 寸深，主要用于近距离运输。

荆条编织品还可以做驮运工具和马车上的挡板。牲口驮子上用来装载货物的器具叫“拢驮”，椭圆形，底小口大，深 1 尺多，一般用两根木棍将两个拢驮横串在一起，组成一个马架子，放在鞍子上，用驴子、骡或马驮上拢驮运输煤、灰、粪、粮食、石块或其他货物。用荆条编成长方形的车帘子，放在马车车厢的两头做挡板，可以防止马车上的东西掉下来，用马车拉煤、拉灰、拉庄稼时一般都要用车帘子。

荆编制品在日常生活中还有许多其他用途。摘筐是挑担小贩必备的行头，摘筐的底为方形，筐头约 6 寸深，四沿上装有四根木棍，小贩们用扁担挑着它来卖水果、蔬菜。过去讲“鸡屁股里的银行”，农户家里靠养鸡下蛋来换钱，用荆条编成鸡笼，可以把鸡圈起来，防止黄鼠狼偷鸡。用荆条编成牲口嘴子，还可以防止牲口拉磨时偷吃粮食。把荆条编成长方形的荆排子，卷成筒状可以做成粮食囤，用来储存粮食。也可以用来做简陋的院门，或是做煤窑、灰窑、采石场和建筑工地上的防护栏。荆条还可以编成蜂筒，在外面抹上黄泥，用来养蜂蜜。

自近代以来，传统乡村手工业在外国资本主义机器工业和民族机器工业的双重打击下陷入危机，手工编织业因其机器生产的不可替代性，所受冲击相对较少。沿村编筐业在整个 20 世纪里基本保持均衡的发展状态，至 20 世纪 90 年代初才开始走下坡路，衰落原因主要是塑料制品对手工编织品的替代，以及农业生产机械化带来的对传统农具需求的减少。从经营方式来说，沿村编筐业大致经历了从家庭手工业到集体经济再到家庭手工业的转换。民国至人民公社成立前夕，沿村编筐主要以家庭副业形式存在；人民公社时期沿村成立了编筐厂，组织村民集体编筐，产品主要供应房山灰煤窑和北京土产。这一时期尽管不允许私人编筐卖筐，但仍有少数农户利用早晚不在生产队干活的时间私下里编筐卖筐。改革开放以后编筐厂解散，编筐业又恢复到家庭手工业状态。

二　民国时期至人民公社成立前夕的生产合作与村落认同

（一）大家庭合作

民国时期至人民公社成立前夕，沿村荆编生产往往在大家庭中有分工合作。大家庭在村落生活中的作用杜赞奇早有阐述，他一反北方宗族与南方宗族相比势力较弱的一贯论调，指出北方宗族并不是苍白无力的，虽然它并不庞大、复杂，并未拥有巨额族产、强大的同族意识，但在乡村社会中，它仍起着具体而重要的作用。他注意到同灶共生的家和分灶起火但仍居住在一起的“院子”往往作为华北农村集体活动的行动单位。[①] 在沿村同样如此，已成家的几兄弟和父母仍住在一起，共同生产共同消费。GR家有兄弟四人，他排行老三，结婚后几兄弟一直生活在一起，直到集体化时期才分家。兄弟四人都会编筐，但大哥以种地为主，二哥和他编筐，小弟赶车，负责耕地、拉粪。麦秋和大秋农忙时，他和二哥也会帮忙种地，卖筐的收入全都交给父亲，家里一切日用开支全都由父亲做主。老太太和四个儿媳妇负责照顾家里的饮食起居，相互之间也分工，有人专门负责做饭，有人负责推碾子，有人则专门给荆条磕杈。

这种分工合作在沿村较为普遍。到人民公社时期，大家都吃食堂，这才让许多大家庭分家，要按过去的老传统，老人在世时一般不让儿孙分家。编筐只是作为副业，家庭中一定要有人从事农业生产，因而形成大家庭内部的分工合作。分工时也会考虑能力的差异，比如有人擅长编筐，但不善于卖筐，有人嘴巧善于应酬，便有编筐和卖筐的分工。这样各尽所能，也能提高生产效率。一般的家庭都是编够一定数量的筐后，然后去集市或庙会上售卖，往往要在家里存上不少数量的筐，但如此分工后，如果

① ［美］杜赞奇：《文化、权力与国家》，王福明译，江苏人民出版社2006年版，第87页。

卖得快，家里便不会存筐。用荆条编筐需要气力，妇女往往不能胜任，一般做些磕杈的活计。沿村新媳妇进门后便会跟婆婆学习磕杈。磕杈看似简单，但要做到熟练利索并不容易。

此外在采割荆条，购买荆条、小树条、筐锔原材料时也存在小规模的集体行动。上山采割荆条存在危险，须结伴同行，相互照应。新中国成立至人民公社成立前夕为沿村荆编业最兴旺时期，荆条需求量大，沿村后街荆条早市亦有山里村民前来卖荆条，多数农户没有时间采割荆条，多选择买荆条来编筐。少数农户也会自己上山割，一般多为自家兄弟或父辈与子侄同行，也有和老乡亲相约同行。上山后各自寻一片山域，中途相互喊山告知平安。长阳镇芦村集市有小树条和煨好的筐锔卖，沿村人多相约去那里购买，可以几人共同雇大车低价成批购买。若是买小木条，回来需在自制的火桶中煨弯做成筐锔，这一工序也需两人共同完成。同行或合作之人有家人、宗亲、朋友、邻居或普通老乡亲，但以家人和宗亲为主。同行和合作对象也不固定，主要看各自时间安排和是否合得来。有过几次同行经历后，有些人关系变得更亲密，经常邀约搭帮，也有些人不再互相邀约。

沿村人所编荆筐，多自产自销，加上市场局限于本乡本土，没有形成包买制式经营制度，因而未能形成超越村落的基层生产共同体。[①] 但有时也存在小规模且临时的合作经营。煤窑和灰窑所用荆筐需求量大，往往由老板下订单，接单农户觉得人手不够时，也会请宗亲或老乡亲帮忙。LDL 和 SZH 是邻居，又是结拜兄弟，二人常在一起编筐，SZH 接单时常叫 LDL 帮忙，也叫上关系较近的宗亲。这种合作经营模式是一个互利的过程，接单者可以按订单要求及时交货，帮忙者只需考虑生产，不必担心售卖问题。虽有些雇工性质，但在沿村人看来更多的是互相帮忙，接单者并不从中赚取过多中人的费用。因涉及实际利益，找人帮忙时，一般会优先考虑宗亲，编筐者的技术水平也是一个考虑因素。宗族对荆编业发展的影响还体现在各族编筐人数的差异上，村中高、邵、白和街里王四家族编筐人数较多，王家坟的王姓家族几乎无人从事荆编业，这和聚族而居及家族传统皆有关系。

由此看这一时期荆编生产经营单位以大家庭为主，荆编生产合作或协

① 刘玉照：《村落共同体、基层市场共同体与基层生产共同体——中国乡村社会结构及其变迁》，《社会科学战线》2002 年第 5 期。

作若涉及经济利益，宗族关系仍被首先考虑；若不涉及经济利益，宗族关系并非是合作的必要条件，邻居、朋友和普通老乡亲之间也可以合作。实际上很多时候，只有当不存在宗族关系或宗族关系较弱时，村民寻求合作时才会考虑其他亲密关系，宗族关系对荆编生产有着较重要的影响。这和张思对华北农耕结合村落的考察有所差异，他认为农耕搭套劳动中村民会做理性算计，将双方经营规模和经济状况的对等作为首要条件，而不太考虑是否是同族关系，而在换工、代耕帮工等农耕劳动中以及在安全防卫、娱乐庆祝、修屋建房、婚丧嫁娶等日常生活中的互助中，同族关系有时会在这些形式的结合中发挥决定性作用。① 张思对搭套劳动和其他场合的合作互助做了明晰的区分，尽管他没有以是否涉及经济利益为划分标准，但从他的结论中似乎可以推论出涉及经济利益时，宗族关系可能不会被首先考虑。为何会存在差异，可能和村落的差异性有关，和村落的经济状况、阶层结构、宗族力量都有关系。但仔细推究，沿村带有雇工性质的荆编合作与张思研究的搭套劳动所涉及的经济利益有所不同。前者带有寻求帮助和给予赚钱机会的意味，在这些场合，按宗族规范，最先考虑的是同族之人，如果没有特殊原因而先考虑族外之人，会被认为是不讲宗族感情。后者不涉及给予好处或寻求帮助，只是纯粹的交换互助。不和同族之人搭套不会遭到宗族内舆论的谴责。但总体上看，本书的结论和杜赞奇、黄宗智一致，都肯定宗族对华北村落生活的重要影响。

（二）信仰认同

沿村荆编生产中只存在小规模、零散的合作，但因荆编而形成的山神信仰却带来了全村性质的集体祭祀活动。沿村虽然属于平原村落，但却拥有山神的传说和信仰。去山里采割荆条是一份危险的工作，衣服被刮破、手被刺出血是常有的事，遇到陡峭的山坡，更需要万分小心，否则一不小心掉下悬崖，连性命都难保。为求平安，沿村人自己组织了敬山神的组织——山神会。

据说村里最开始只有一道山神会，后来因为有了山神救沿村小伙儿的传说，人们又发展了几道新会。相传沿村的一位小伙儿在村北的煤窑背煤，到大年三十煤窑放假了，小伙儿拿了工钱准备回家过年，走到山上却

① 张思：《近代华北村落共同体的变迁》，商务印书馆2005年版，第138页。

迷路了，偏偏这时候又遇到狼群，小伙儿正发愁不知该怎么办的时候，来了一位白胡子老人。白胡子老人对着狼群呵斥道："孽畜，还不快走！"狼群马上四散逃开。老人问小伙儿是哪村人，小伙儿便告诉他自己是长沟沿村人，煤窑放假了，准备回家过年。老人说："咱俩一条道，我正要去那里赴会，你跟我一块走吧。"老人拽着小伙儿的胳膊，让小伙儿闭上眼，眨眼间小伙儿就回到了沿村。回家后，他把白胡子老人救他的事告诉了大家，大家恍然明白，这白胡子老人即是去沿村赴会的山神爷。

自此以后，沿村人更加信奉山神，山神会的规模越来越大，到新中国成立前夕沿村共组织了六七道山神会。每年秋天，各道山神会都会饲养一头猪，由会中的一户人家（香头）负责喂养，其他的农户则负责出粮食。到年底，各道山神会将自己饲养的猪杀掉，作为拜山神的祭品。正月初一早上，各道山神会一路敲锣打鼓，来到村北的小山岗前，摆上香烛，烧上黄裱，献上整猪，恭恭敬敬地祭拜山神。据说用作祭品的整猪，脖子上必须留一撮鬃毛，还要将这一撮鬃毛梳成小辫。敬山神时各户还一起迎喜神，将自家养的骡马等牲口拉出来遛遛，牲口脖子上挂上五彩布，以求一年的吉祥和丰收。祭完山神后，各道山神会到养猪的那一户人家聚餐，一起将献祭的猪吃掉，一共吃两顿，头一顿称为"大炒"，纯粹是肉。据说那一天山神爷让大伙儿吃肉，平常不能吃肉的人那天也能吃。第二天再吃一顿，有排骨、下水，称为"小炒"，饭后一起商量来年由谁当香头。

村里还流传着许多山神爷的故事，传说山神爷的坐骑是狼，有时候村里人明明看到迎面走来一大群人，走到近处却发现是一大群狼，再一转眼又都不见了，大家认为是山神爷从此经过。对于山神会中做香头的那一家，有一个不成文的规矩：香头是为大家养猪，不能私自把猪肉藏起来。据说西攒有一户人家有一年当香头时，在给大伙儿煮肉前，偷偷给自家藏了一块，结果发现放在锅里煮的肉全都不见了，把那户人家给着急得不行，后来不停地给山神爷烧香上供磕头，这锅里的肉才回来。大家说这是山神爷在显灵，告诉大伙儿不能自私，要舍得把肉给大伙儿吃，都拿出来给大伙儿吃反而最后还剩下许多肉，如果自己藏起来一些，反而没有肉吃。此后谁家做了香头都不敢私自藏肉，因为山神爷在看着。

除正月初一祭拜山神外，在去山里割荆条前，一些农户也在家里祭拜山神，朝着北边烧香磕头，祈求山神爷保佑割荆条时平平安安、顺顺利利。新中国成立以后，因为破四旧，所以沿村山神会的活动也被取消了。

但不少编筐的农户仍保留这一信仰，一般初一和十五都不上山采割荆条，他们认为靠山吃饭的人得有这些讲究。

山神是居于山地的民族或村落较为常见的地域保护神，往往是一村一山神庙，一村一山神。沿村居于房山的半山区与平原交界处，因而沿村附近的村庄在山神信仰上形成了明显的界限。沿村村北的四个甘池中西甘池靠近山区，因而建有山神庙，北甘池、南甘池和东甘池都无山神庙，再往北的二龙岗、天开、孤山口、圣水峪等村皆有山神庙，有的村落因为居住分散，建有好几座山神庙，如属于深山区的圣水峪村，每一个居住小片几乎都有一座山神庙。山神祭祀时间是每年的正月初一，每到这一天，各家各户都要来到山神庙里烧香上供祭祀山神，祭品中须有三碗饺子，每一碗饺子的数量也须是单数，房山一带供品的数量讲究“神三鬼四”或者“神单鬼双”，给神仙上供时供品数量一般是单数。平常每月初一和十五也有农户给山神上供，一般都在家里摆上供品，点上香烛，朝山神庙的方向磕头跪拜。信仰山神的目的主要是保平安，山里的村民认为山神爷是管野兽的，为使豺狼虎豹不伤害人畜，所以祈求山神爷的保护。尤其是在山上放羊的人，不时会在心中祈祷，希望山神爷保佑不让狼把羊给叼走。另有一些跑山的人，如开灰窑和采石的，一般也有祭祀山神的习俗，但他们祭祀的山神更多带有行业神的色彩，祭祀时间也不是在正月初一，而是每年三月十七，相传这一天为山神爷生日。在这一天，窑主或采石场老板会组织较为隆重的祭祀山神仪式。相比较而言，沿村东边和南边的村落，如北务、太和庄、东长沟、西长沟等村，属于平原村落，都没有建山神庙，村民一般也不信仰山神。

沿村在山神信仰的选择上介于山地村落与平原村落之间，在是否修建山神庙上与平原村落保持一致，而在实际的信仰中又与山地村落保持一致。但在祭祀方式上，沿村人又显示出与山地村落的不同。北边山区村落祭祀山神一般以户为单位，沿村祭祀却是以村落为单位，只不过这种全村集体祭祀是以会的形式来组织。沿村山神会在1958年以后被取缔，村民们对沿村各道山神会的具体情况普遍缺乏深刻的记忆，因而只能根据过去参加过山神会的老人的一些零散回忆，来了解山神会的基本组织形式。据老人讲各道会的户数有多有少，少则十来户，多则二十多户。一般都是关系好的农户组织成一道会，因而山神会不一定完全是宗亲或近邻的结合。一位村人告诉我，他们家所在的那道山神会既有村东的人家，又有村西的人家，住的距离很远，但因为平常关系不错，所以加入了同一道山神会。加入山神会的人家不一定都是编筐的农户，王家坟一片过去几乎没有编筐的农户，但这一片也成立了一道山神会，他们在正月初一祭拜山神更多是为新年祈福。由此看村落社会中最为基本的血缘关系和地缘关系在山神会组织中不一定起主导作用，沿村山神会虽缘起于编筐的劳作模式，但它的作用却不仅仅只为保佑上山割荆条时的平安。

山神是地域神，只掌管一方地界，沿村人一般不去周边村落的山神庙里烧香，而是象征性地在村北祭拜山神，尽管没有庙宇，但整个祭祀过程却异常隆重、神圣而欢腾。在供品的选择上沿村人选择的是整猪，不同于山里村落供奉的饺子。为何会供奉整猪，推测起来大概与祭祀窑神的习俗有关。房山一带煤窑众多，不少村落拥有祭祀窑神的习俗，在祭祀窑神时也是用整猪做祭品，猪脊背上也要留一撮鬃毛，用来梳成小辫，以示喜庆。同样灰窑窑主在每年三月十七祭祀山神时也是以整猪作为供品，猪脊上也梳有小辫。这三种祭祀仪式孰先孰后已很难考证，但从祭品的选择上可以看出三种仪式之间可能存在相互影响。沿村山神会还融合了新年迎喜神的一些仪式活动，祭拜完山神后，各家各户牵着自己家的驴、骡、马等牲口，朝着黄历上所写的喜神方向溜达几圈，驴、骡、马的脖子上挂着五彩布，象征新年的喜庆和祝福，由此看出作为民间信仰的沿村山神会的包容性。沿村山神会最初如何创立，其仪式传统如何形成已不得而知，但山神会的仪式显然不是沿村人的独创，而是山神信仰在沿村传播和在地化的一个结果，在这个结果中存在文化的适应和变迁。沿村人在村落信仰上选择了与编筐生活密切相关的山神信仰，如何将这一信仰转化为日常生活中的行为，则根据村落的实际情况和村落中人的实际创造而决定，就如同卖小金鱼的高碑店村人一样，他们过新年时要忙于卖小金鱼，所以对于多数中国人都重视的年节，他们不太重视也没有时间重视，反而每年的端午节却过得非常隆重。沿村人结合编筐的特有生活、周边村落的山神信仰和传统的年节习俗，创造并享用了山神会这一独特的祭祀山神仪式。

三　人民公社时期的生产合作与村落认同

1958 年 9 月，房山区实现了人民公社化，全区 436 个行政村，共计

328 个高级农业合作社和 1 个国营农场，共建成 7 个大型人民公社。沿村属于长沟人民公社，当时的长沟人民公社包括现在的长沟镇、张坊镇、韩村河镇和南尚乐乡。公社化后，全区开展一次全民总动员，大搞 45 天的副业生产运动，公社向管理区分配了副业生产收入任务，限期完成。大搞副业，各管理区、村出动多少人完成收入多少元，天天要向上级汇报。凡完不成任务的，当晚要向领导作检查。[①]

沿村于 1954 年成立了村里的第一个初级社，名为“火星社”，由后街部分农户组成，社长为当时的村支委郑珍。1955 年村里又连续成立了两个初级社，一个是火炬社，另一个是建国社，社长分别为当时的村书记白桂元和支委王士清。火炬社由前街部分农户组成，建国社由东攒部分农户组成。各社都开展手工业合作化，成立社办副业编筐厂。各编筐厂大概由十几人组成，一人负责购买荆条等原材料和销售，七八个人负责编筐，都是社里手艺好的编筐人，另有三四个老太太负责磕荆条杈，还有一两人负责泡荆条和捞荆条。编筐厂成员自带编筐工具，荆条及其他原材料由社里统一提供，算是以劳动力入社。1957 年村里成立高级社，将各初级社的编筐厂合并，1958 年成立人民公社后，改成大队编筐厂，属村办副业。

初级社时编筐厂厂房很简陋，天气炎热时，索性在村北树林里集体编筐。成立大队编筐厂后，村里专门在村北建了十间厂房。编筐厂有二十多位艺人，每天过来编筐，比照干农活，按件计工分。当时一个男劳动力干一天农活计 10 分，女劳动力一天计 7 分。编一个岔子计 1.2 分，果筐计 1.5 分，菜筐计 2 分，鸡笼计 3 分，抬筐计 3 分，背筐计 2 分，筛筐计 6 分。在编筐厂干活的都是能手，平均一天能挣 12 分，比干农活所得工分稍高。

编筐原材料由村里统一采购，人民公社成立后，集市贸易被取消，原先村北的荆条早市也不存在了，只能通过房山供销社系统购买荆条。HJM 曾担任大队副业队长管理编筐厂，据他回忆，当时多跑到房山西北山区村镇购买荆条，如野三坡、霞云岭、史家营以及河北一些乡镇，最远离沿村 200 多里地。用大车往回运荆条，一年下来合计几十万斤。霞云岭公社是当时房山西北的一个人民公社，据 1960 年公社下达的一份“关于备好水

---

① 游来柱：《房山文史资料全编》，中国人民政治协商会议北京市房山区委员会 2003 年版，第 163、164 页。

果包装和荆条生产的安排意见”记载，当年给该社三个收购站下达的荆条收购任务共32万斤。统购统销后，基本上取消了私人间的交易，编筐所需荆条大都是从各公社购买。购买筐锔则到涿州的码头镇，一年合计得买几万根煨好的筐锔。

比起新中国成立前，编筐厂生产的荆筐种类减少了，主要有农具、矿业用具和驮运用具。农具像背筐、筛筐、菜筐等主要销到房山各公社的生产队，菜筐也会销往北京近郊村落。因沿村荆编在房山出名，许多公社直接派人过来下订单，临近村落的生产队一般直接上门购买。矿业用具如岔子、煤筐、抬筐等主要销往周口店各灰窑、煤窑。周口店是房山著名的煤炭之乡，当时的产煤区在大房山南麓有七个区域，有六个在周口店。周口店的灰矿业也很发达，民国时期灰窑有20多家，人民公社时期仍有10多家。周口店距离沿村16里地，相比较而言，是离沿村最近的煤矿产地，沿村所产岔子、煤筐多销售到此。此外，京汉铁路周口店支线修成后，周口店成为煤炭运输的重要枢纽，从房山运往北京之煤多经过周口店火车站转运，运煤之工具为抬筐，沿村所产抬筐也多销售至此。房山盛产梨子、柿子，需用果筐运出，但因山区村民多会自编果筐，因而沿村果筐产量相对较少。

荆编制品在房山农业和工业生产中发挥着重要作用，其收购价格由房山县供销社统一规定。以下是房山县供销社1974年发布的两则通知：

房山县供销合作社革命委员会

关于调整果筐收购规格、价格的通知①

（74）房供革业字第3号

土产经理部、供销社、大安山商店：

几年来我县生产的果筐规格、价格与实际使用要求有些不符，同时个大、质次，不适合外调远运，为了促进农副业生产，经报请市二商局同意，将果筐的收购规格、价格作如下调整（详见附表）。特此通知！

文到后执行。

① 《房山县供销合作社革命委员会关于调整果筐收购规格、价格的通知》：北京市房山区档案馆藏，资料号：41，1974年。

一九七四年一月十八日

抄报：县计划组、财贸组，市二商局。
抄送：县商业局、涿县、涞水县商业局。

品名	等级规格	收购价（元）
荆条果筐	一等带盖重量10斤	1．40
	二等带盖重量8斤	1．20
	三等带盖重量7斤	0．90
荆杂条果筐	一等带盖重量10斤（70%荆条，30%杂条）	1．20
	二等带盖重量8斤（70%荆条，30%杂条）	0．90
	三等带盖重量7斤（70%荆条，30%杂条）	0．70
杂条果筐	一等带盖重量10斤（紫穗槐条、桑条、横条、果树条）	1．00
	二等带盖重量8斤（紫穗槐条、桑条、横条、果树条）	0．70

说明：（1）果筐规格：上口1.5市尺，底1.2市尺（均是外口尺寸）16道经。小三把拧沿，三根立柱（中间一根粗行千子）中腰编剪子股花5寸，在花中腰编一道箍，在花上编5市寸，花下编5市寸，盖1.5市尺，要手纹死盖，不要花盖。

（2）柳条果筐：因不耐用，又影响果品质量，所以暂不定价。

房山县供销合作社革命委员会
关于调整荆条收购价格的通知[①]
（74）房供革业字第33号

各供销社、大安山商店、土产经理部：

根据市（74）二商革价字528号通知精神，为了更好地贯彻执行党的物价政策，促进荆条生产的发展，做好毗邻地区价格衔接，现对我县荆条收购价格作如下调整（详见附表）：

荆条收购价格调整后，对于供应工业、农业、市区调拨等作价办法作如下安排：

---

① 《房山县供销合作社革命委员会关于调整荆条收购价格的通知》：北京市房山区档案馆藏，资料号：41，1974年。

一、为了支援农业生产，不使农业加大开支，对于供应给农业需要的荆编制品的价格暂不作调整，其亏损部分由各单位负担，对于供应其他单位的荆编制品价格作相应调整。为了统一荆编制品的规格、价格，各单位应尽快提出具体生产的品种、规格、生产成本和定价意见，报市局平衡审批后再作调整。

二、以上调价后为全县统一价格，不再安排地差。

三、执行日期：于一九七四年九月十五日起执行。

一九七四年九月九日

抄报：县计划组、财贸组、市二商局

抄送：县商业局、邻县

房山县荆条收购价格调整表

品名	规格质量	单位	全县统一收购价	
			现行价	调后价
叶条	长三尺以上、当年生长、干货、无霉烂	百斤	5．90	5．90
括杈条	长三尺以上、当年生长、干货、无霉烂	百斤	4．60	5．00
毛荆条	长2.5尺以上、当年生长、干货、无霉烂	百斤	3．30	3．50

说明：今后各单位用荆条、杂条生产的果筐，一律按（74）房供革业字第3号通知执行，关于牌价本上的荆条果筐规格、价格作废。

1961年，党中央发出核算单位下放到生产队的指示，这一年沿村食堂解散，大队编筐厂人员又分散到各生产队，成立各队编筐厂。当时沿村大队共有7个生产队，1到5队都建有编筐厂，6、7两队位于王家坟和汪家坟一片，历史上没有编筐传统，会编筐的社员很少，再加上这两个生产队有建筑队，副业收入还可以，所以没有成立编筐厂。据村民回忆，后来编筐厂又由生产队核算转为大队核算，后经大队核算又重新改回生产队核算，反反复复弄了几次。

总体来说，无论是大队编筐厂还是生产队编筐厂，规模都不大。当时以农业为纲，提出的口号是副业为农业生产服务，副业生产实际上并未得到充分发展。沿村在人民公社时期主要有编筐、挖泔土和煤窑三项副业，但收入都一般。编筐厂收入大概占大队总收入的30%，主要用作购买农具、化肥、农药以及大队和生产队日常开销，所以并未很好地改善村民的经济生活水平。人民公社时期，沿村工分分值一直居于整个长沟公社下列，当时较好的村落一个工分合5毛多钱，沿村一般只有3毛多。

一些劳动力少的家庭，在生产队干一年的农活，结果还入不敷出，欠下生产队的债务。为改善生活，一些村民偷偷编筐卖，当时不允许私人卖筐，认为是投机倒把和资本主义的尾巴，村民们只有晚上不干农活时，偷偷在家编筐，天不亮时起床，偷偷拿到涿州早市上卖。涿州不属于北京市，一些集市没有被取消。也有胆大的村民，晚上在周边村落偷偷叫卖。当时市场上几乎没有卖荆筐的，所以多数时候很好卖。如果是白天，卖筐的村民便会背着一个荆筐，假装赶集，等回来时便没有筐了，而是拎回来卖筐所换的粮食或日用品。还有村民索性跟生产队请假，偷偷带着编筐和割荆条的工具，外出给人现编荆筐。他们自己合计，在生产队干一天活就挣3毛多钱，而出去卖一个筐能挣1块多钱，所以一些村民对于因未出勤而被扣掉的工分并不觉得有多可惜。1983年伴随生产队的解散，沿村编筐厂也不复存在。

新中国成立前，虽说沿村荆编技艺并不保守，但多数时候是各家各户自己编，极其认真仔细地相互切磋或向人请教并不多。编筐厂存在这段时期算是沿村荆编技术交流最充分的一个阶段。一些成员刚开始进入编筐厂时，活茬不全，等编了一段时间，都成为活茬全的师傅。GR说他的筛筐技术便是在编筐厂学的。编筐厂厂房往往设在生产队办公的地方，因而一些队里干部或办事人员往往熏习了不少技术。如当时任生产队队长的SZQ和任会计的CW，都是从编筐厂那里学到编筐技术的。

互相学习交流外，各位成员也会比拼各自的技艺。LDL是大家公认的编筐能手，一般人编筐至多会七八样，他却能编几十种，几乎什么样的筐都会编，村里人开玩笑说，就是说个棺材他也会编。他编筐的另一特点是结实，编同样的筐他用料比一般人多，也舍得用力气将筐编得更为紧密结实，所以在整个房山一带他都非常出名，经常有人上门找他编筐。据他大儿媳回忆，他们家的筐根本就存不住，刚一编好就被人拿走，有时自己家里都没有筐使，所以卖筐前他儿媳总是偷偷地藏起一两个以备自己家里使用。另有一些编筐速度快的“快手”，他们一天能挣几十分。如GR和ZKL一天至少要编十来个背筐，外加五六个岔子。回忆这些往事，他们和家人都感到很荣耀。编筐厂时期还有一件让大家伙感到荣耀的事。一位沙姓干部下乡来沿村工作，学会了编筐，后来去非洲援助时，又把这一技术传授给当地人。小小沿村的荆编走向了世界，对于此事，村里人一直津津乐道。

编筐厂时期还发生过一场悲剧。有一年麦秋后，大队组织村里的青壮年劳动力去山里割荆条，结果有人不小心从悬崖上掉下去摔死了。大队干部一再做工作，要求大家继续留在当地割荆条，但几乎在一夜之间，所有的人都心怀恐惧地跑回来。祭祀山神被认为是封建迷信，人民公社成立后，沿村人便不再举行山神会。经历这件事后，不少村民开始怀念过去的山神会。

在村民看来，人民公社时期是村落成员联系最紧密的时期，因为集体干农活、集体编筐而形成了密不可分的利益共同体。

四　改革开放后的生产合作与村落认同

（一）核心家庭合作

自 1983 年开始，沿村人集体编筐的日子结束了，荆编业又恢复到过去家庭手工业形态。对于集体化时期偷偷私自编筐卖筐的村民而言，政策的变化是一件好事。SZQ 是党员，又任过生产队长，他听说政策即将变化，生产队还没正式解散时便开始公开编筐卖筐。HJM 任过副业队长，与房山各供销社较熟，他向南尚乐供销社主任借了 500 元钱，买了 1 万斤荆条，在家编了 1 年筐，用编筐收入买了一辆手扶拖拉机，在当时的沿村和房山闻名一时，县委书记亲自给他发奖状。

这一阶段荆筐的生产经营主要围绕核心家庭展开，新中国成立前至人民公社成立前夕的大家族内的分工合作已不再存在。老一辈不分家的传统被打破，父母一般不和成家的子女生活在一起，兄弟各自成家后也不会生活在一起，同灶共生的单位是父母和未婚子女组成的核心家庭。新一代的年轻人几乎不会参与父母的荆编活动，作为家庭手工业的荆编实际上回到传统的男耕女织模式，丈夫负责制作和售卖，妻子帮忙磕荆条杈。

这一时期仍然存在生产中的协作，但更为零散且规模小。去山里割荆条一般会搭伴而行，不过也因人而异。BSK 不会骑自行车，一般都是去较近的地方独自割荆条。GFX年轻时，即20世纪80年代，常和父亲一起上山割荆条，后来父亲岁数大了，不割荆条改为买，他就常和ZM、ZKQ一起割荆条，有时候也一起买荆条。ZM和ZKQ是他的街坊邻居。他们属于同一个生产队，过去常在一起干农活，交往较多。生活中如果需要帮忙，也互相照应，比如办红白喜事时借桌椅板凳，互相出份子钱。GFX说沿村编筐人中，他就和他俩以及4生产队的一个人来往多点。ZM前些年不干编筐了，另两位都已去世，现在GFX都是独自割荆条或买荆条。大批量地买筐锔一般会搭伴，筐锔一般在码头集市上购买，码头离沿村有好几十里地，需要互相照应，将筐锔装到车上也需两人合作。

和新中国成立前一样，这一时期也有合作经营。一个人接了较多活茬，编不过来，会请关系不错的人帮忙。不过和过去不同的是，寻求合作对象时宗亲关系不在优先考虑之列，一般更多地考虑感情和亲密关系。之所以有这些变化，和新中国成立以后宗族活动的减少有关。新中国成立前沿村一些宗族有官坟地，全宗族的人集体祭祖后有聚餐。新中国成立后平整土地，许多官坟地没有了，集体祭祖和聚餐活动变得很少。过去拜年一个宗族的都得一一拜到，甚至出了五服，但只要在一个村里，依然相互拜年。现在拜年仪式被简化，拜年的范围也缩小了，一般不超过三四代宗亲。还得看感情深厚，有时候即便是一爷之孙，也互相不拜年。唯一保留宗族活动较多的场所是婚丧嫁娶等人生礼仪，不过仪式上的来往多于日常生活的实质互助。20世纪80年代后，一些地区形成了宗族复兴的态势，但在沿村没有出现这样的情况，至今没有一个宗族有重修家谱或是重建祠堂等活动。宗族关系越来越疏远，用沿村人自己的话说："都分不出辈分了，一家人不认识一家人了。"

这一时期荆编经营中也出现了包买主制。村中少数人善于交际，能够接到编筐订单，他们提供荆条，雇用村里人编。不过这种经营方式似乎不太为沿村人接受。雇主给的工钱如果太低，雇工便会觉得不划算，下次便不会继续合作。一些雇工偷工减料，制作的荆筐质量不行，碍于老乡亲的情面，雇主不好说什么，只有自己吃亏。20世纪90年代以后，荆筐需求量慢慢减少，雇主觉得不好挣钱，最主要的是觉得不好处理和老乡亲之间的关系，便放弃了这种经营方式，沿村人还是回到过去那种独自经营的状态。

改革开放以后，国家的宗教政策相对宽松，房山不少庙宇得到重建，一些庙会活动也逐渐恢复，山区不少村落恢复了山神祭祀活动，尤其是从事开山业的老板，每年都要隆重地祭祀山神。但沿村山神会活动自人民公社成立时期被取缔后，一直没有恢复。多数编筐的农户基本不祭祀山神，只有少数人恪守初一和十五不去山上割荆条的习俗。

总体来说，这一时期沿村荆编业处于衰落状态。比起集体化前，编筐的农户大大减少。20 世纪 80 年代中后期，大概只有十分之一的家户编筐，当时的年轻人热衷于学瓦匠和木匠，这些行当比编筐挣钱多，也没有编筐那么辛苦。伴随农业生产的机械化和矿业的衰落，用于农耕和矿业的一些荆编用具已失去了实用功能，荆筐市场越来越小。2007 年笔者第一次去沿村调查时，村中只有十几户人家编筐，2014 年只剩下 3 户。

20 世纪 60 年代以后出生的沿村人多数都不会编筐，生计方式的多样化和非农化，使得他们的劳作模式完全不同于父辈。BSK、ZKL 和 GR 都是村中编了一辈子筐的老人，如今都 80 多岁了。BSK 的祖父和父亲都编筐，他有一个哥哥和弟弟，也都编筐。但到儿子这一辈，没有一人编筐。大儿子在北京做厨师，二儿子在村里修自行车，小儿子做木匠。孙子辈的更没人编筐。ZKL 有四个儿子，只有老二学编筐，不过他也干其他活计，只是闲时编筐。大儿子收破烂，三儿子搞运输，小儿子在北京开出租车。GR 的父亲编筐，兄弟四人中他和二哥编筐，二哥的后代中没人编筐，他的两个儿子中有一人编筐，另一人是木匠。和其他老手艺一样，沿村荆编在工业化和城市化大潮中逐渐面临消逝的命运。

（二）记忆认同

改革开放以后，荆编慢慢淡出沿村人的生活，但作为村落传统和一种集体记忆，依然留存并影响着沿村人的生活。

1. 作为“礼物”的筐

礼物馈赠是人情交往的重要形式，何种物品可以作为礼物受制于地方的经济文化结构。一般作为礼物的手工编织品都较为精美，包含装饰性功能，像沿村这样将纯粹以实用为目的谈不上精美的筐作为礼物还比较少见。沿村人编织的筐多数作为商品，用于盛物或作短途运输工具，但也有少数成为包含情感标示情分的礼物。

一般的编筐家户，每年都要给亲戚送几个背筐或是篮子。家里的儿媳妇回娘家，公公便会让她背个背筐或是拿一个篮子回家，当然也不是空背着，里面自然也会带些其他礼物。碰到亲戚上家里来，临走时也会送上一两个筐，如果家里的筐多，也会让亲戚自己选一个。

老乡亲们有的不会编筐，便会找左邻右舍会编筐的人帮忙编一个，即使老乡亲们坚持要付钱，编筐的人一般也不会要。一般老乡亲们也不愿意白拿筐，往往会付材料钱或是把家里的旧筐送给编筐的人。GR 以前在生产队编筐厂和 LDL 一起工作过，交情不错，LDL 去世后，家里没有人会编筐，GR 于是常给他们家编筐，LDL 的长子坚持要付钱，却被 GR 拒绝，GR 说："咱们都是老乡亲，怎么能收你的钱，虽说现在的生活算不上富裕，但送一个筐还送得起。"后来 LDL 的长子去北边山区割了一大捆荆条送给 GR，算是对他的回报。

BG 十六岁时便开始跟邻居 CL 学习编筐，CL 那时瘫痪了，一直躺在炕上，BG 便在 CL 屋里编，CH 看着他编，边看边指导，告诉他编筐的一些技巧和方法。等 BG 编筐的手艺练得差不多时，他便给 CH 家编了一个背筐，这是他送出的第一个背筐。CL 去世时，BG 早早地去他们家帮忙，送葬时还抹了好几回眼泪。

筐在沿村人眼里不只是生产生活的用具，当他们向笔者介绍筐的用途时，总会告诉笔者这筐是谁编的，什么时候编的。沿村人用的筐多半都不是买的，所以几乎每一个筐的背后都联结着一段人情故事。CW 有一次拿了家里用了 20 来年的篮子给笔者看，他给笔者看的目的是为告诉笔者沿村编篮子的方法和七贤村不一样，但一说到篮子，他便很自然提起篮子的来历，他说："小蔡啊，你看这篮子都用了 20 多年了，这编篮子的人也去世 20 多年了。"CW 只是轻描淡写地提起，但笔者能感受他心头涌起的某种怀念。如果这个筐只是从集市上或是陌生的串乡卖筐人那里买来的，CW 或许没有这么多的感慨。还有一次在后街街头，笔者碰到一位背着背筐打草的妇女，还没等笔者开始询问，她便告诉笔者这背筐是他二叔给她们家编的，那时他二叔年纪大了，手也没劲，准备不编筐了，因此在歇下来之前给至亲的几家编了几个背筐，现在二叔已经去世了，筐便成为一个念想。

LDL 的大儿媳妇告诉笔者，LDL 不仅筐编得好，而且干活利索干净，编完筐后家里从来不留垃圾，LDL 走时（指去世——笔者注）也干净，一觉就睡过去了，之前没有任何征兆。如果说有什么征兆的话，那便是 LDL 在去世之前给街坊邻居和几个儿子各编了一套背筐和筛筐。一位街坊回忆说："老爷子话不多，给我们家撂下一个背筐和一个筛筐后，就说了一句，'给你们使吧'，然后就走了。"后来想起来，这些背筐和筛筐便成为 LDL 给家里人和老乡亲们留下的念想。

在沿村，筐成为连接宗亲、姻亲、邻里、乡亲之间关系的纽带，作为礼物的筐的馈赠比起婚丧嫁娶等仪式上义务性的随礼更多地包含感情色彩，这是由筐这个物品本身的特质所决定。筐是人工制作的产物，而且由送礼者亲自制作，和从市场上购买的礼品含义不一样，加之筐是作为农具来使用，使用时间一般都在数年以上，这也在一定程度上增加了送礼者和收礼者的情感。

筐在村内的流动和在村外的流动呈现了完全不同的场景，在村内主要以礼物的形式流动，在村外则是以商品的形式流动，同样的物，流动的法则却完全不一样，这意味着村内和村外人际交往法则的不同，由此看出村落社会的意义之所在以及村落与外部世界的界限。当我们说一个村落的存在时，不仅指地理景观上的有着清晰边界的村落，也是指村落内部的亲和意识和情感认同。这些村落共同体意识不完全依靠血缘来维系，尤其是在多姓杂居村居多、宗族势力不发达的华北，地缘关系、劳作模式都可能成为增加村落集体凝聚力的重要因素。宗族并不是建构村落社会的主导力量，这一点从筐艺的传习和作为礼物的筐的流动中可以看出来。从某种程度上来说，宗亲中的有些关系可能还比不上邻里亲密，邻里更容易成为请教筐艺和赠送礼物之筐的对象。筐的流动冲淡了原有的差序格局，重新建构了村落的关系，这种关系建立在实际流动的人情基础之上，同时它又比照乡土社会中宗亲关系的温情一面，比起其他的礼物馈赠包含较少功利色彩。礼物之筐增强了村落共同体意识，作为物的筐连接的村落集体情感不亚于其他村落集体活动。

费孝通将乡土社会视为熟悉的社会，没有陌生人的社会，他认为"在一个熟悉的社会里，我们会得到随心所欲而不逾规矩的自由，这和法律所保障的自由不同。规矩不是法律，规矩是'习'出来的礼俗，从俗即是从心"[①]。作为礼物的筐在村落内的流动是建立在为村民所熟悉的规矩之上的。一个村外的陌生人是不会提出想要一份礼物之筐的要求，而村内的人，哪怕是一个普通的老乡亲，提出这样一份要求却显得自然而然，

① 费孝通：《乡土中国 生育制度》，北京大学出版社 1998 年版。

因为这里体现了沿村村落社会特有的随心所欲而又不逾规矩的自由，在收筐人和送筐人之间存在一份作为礼俗和规矩的权利和义务；作为收筐人，他有权利作为老乡亲或是宗亲要求得到礼物之筐，而送筐人同样作为老乡亲或宗亲有义务赠予礼物之筐，这些权利和义务是建立在血缘认同和村落认同的基础上，礼物之筐的流动体现并强化了血缘认同和村落认同。

本土化研究可以说是近些年来中国社会科学研究中的一个重要追求，杨国枢提出了从事本土化研究的标准，即“本土契合性”，他认为研究者之研究活动及研究成果与被研究者之心理行为及其生态、经济、社会、文化、历史脉络密切或高度配合、符合及调和的状态，即为本土契合性，只有具有本土契合性的研究，才能有效反映、显露、展现或重构所探讨的心理行为及其脉络①。费孝通提出的“熟人社会”的概念是契合中国乡村社会特质的一个本土概念，但熟人社会只是对宗亲和姻亲之外人际关系的一个宽泛概括，在熟人社会的交往圈中或许还应关注“老乡亲”这一本土概念。上文提到GR说的“咱们都是老乡亲，怎么能收你的钱”，这句话的内涵值得细细品味，村民们说“老乡亲”这个词是有特殊意味的，老乡亲之间可能没有宗亲和姻亲之间先赋的权利和义务，比如说在婚丧嫁娶时的随礼，老乡亲可以视关系的远近而决定是否随礼，但老乡亲之间却有一份天然的亲和，即使没有太多的交情，但从道义上来说也有一份守望相助的期待和义务。在乡村社会中，老乡亲和老乡的概念是不同的，老乡的范畴更大，出了村落一个乡镇、一个县甚至一个省的人都可以称为老乡，而老乡亲一般特指同一个村落中宗亲和姻亲关系之外的人。从这个意义上说，对老乡亲的认同实质上体现的是对村落的认同，探讨村落内聚时尤其要关注老乡亲这个本土概念。对于沿村社会而言，是多数人从事的编筐劳作模式凝聚了老乡亲之间的情感，增强了村落的内聚性。

2. 言说中的编筐

贺雪峰将村庄的社区记忆视为理解村庄性质的重要框架。② 对于沿村人而言，编筐是他们村庄重要的社区记忆。尽管现在编筐的人越来越少，但编筐的社区记忆却依然在影响沿村人的日常生活，成为街头闲聊和家庭

① 李亦园、杨国枢：《中国人的性格》，桂冠图书公司1994年版。

② 贺雪峰：《村庄精英与社区记忆：理解村庄性质的二维框架》，《社会科学辑刊》2000年第4期。

叙旧中的重要话题。作为调查者的笔者的到来，同样也引起了他们对编筐的言说和记忆。

（1）街头闲聊

村东新楼前有一片平地，建有篮球场和各种健身器材，沿村的老人出来溜达时喜欢在这里聚会聊天，另一处常聚会的场所是靠近村西的河边。聚会的人少则三四个，多则十几个，也不全是老头儿，也有妇女和年轻人。笔者有时候也参与他们的聊天，但只是挑起一个话题，更多的是倾听，有时候则完全是一个听众。

编筐自然是他们聊天的重要话题，虽然他们未必都编过筐，但出生、成长和生活在这样一个有着编筐传统的村落里，谈论编筐是自然而然的事。关于筐的话题谈得最多的是过去生活的艰苦，因为生活艰苦所以才选择编筐。虽说沿村有北泉水河和稻地，但稻地多集中在地主和富农手里，一般的农户种的都是旱地，旱地农作完全靠天吃饭，一亩地产不了多少粮食，只有靠编筐维持生活，过去筐也不值钱，挑一大担筐出去卖，也换不了多少粮食。老人们常挂在嘴边的一句话是："过去多穷啊！"说到这句话时一般就会有人接话："马上[①]享福了，马上天天过年。"过去到年歇才能吃一顿饺子，现在天天大米、白面，天天可以吃饺子，自然相当于过去的过年。老人们多半都经历了整个20世纪的战乱、水患、革命、政治运动、改革，他们这一代人对变迁有着深刻的体会。

现在村里编筐的情况也是他们谈论的中心话题，比如说谁身体闹毛病，不能编筐了；谁要照顾半身不遂的老伴儿，没有时间编筐；谁又因为领到60岁以上老人每月200元的养老金而不用编筐，老人们都了如指掌，对于一个编筐的村落来说，编筐永远是大事。这两年编筐的人越来越少，所以筐的行情不错，尤其是去年，石楼镇几个村庄的玉米全部被风刮倒，机器不能收割，只能依赖人工，背筐便派上用场，据说沿村人去年上这几个村卖背筐，不到一个小时全部卖完，卖完后还有人预定。聊天的老人们对此都很感慨，有的说："瞧，现在卖筐的可欢了，过去一个筐卖几毛钱，现在能卖25元钱。"也有的说："瞧着吧，也就去年好卖，今年不是价格又降下来了吗，这往前就没人用筐了，编筐这行不香了！"多半老人都认为编筐的手艺迟早会失传，因为现在村里只有六个人编筐，其中三个

① 房山一带称"现在"为"马上"。

都是七八十岁的老人，另外三个则都过了五十岁。不过也有人认为只要有农村，便会有编筐这手艺，荆条编的筐不怕磕不怕碰，经久耐用，价廉物美，不会过时。

编筐是门手艺，所以在编筐的话题中常常会有对编筐手艺高下的评价。过去几个编筐能人的故事再一次在聊天中传播，尤其是LDL的故事被一些老人讲得绘声绘色，一旁的年轻人则听得津津有味。老人们讲LDL之所以筐编得好，是因为他编筐专注，从早到晚一门心思编筐，其他事几乎不管，他们还开玩笑，说LDL编筐是“六亲不认”。对于现在编筐人的手艺，老人们多半认为不如从前。一位村民说：“现在编的筐比以前差多了，我看着都寒碜，也就是现在卖筐的人少，编得不好也有人买。要在过去，卖筐的人一大排，买筐的人挑过来选过去，筐编得不好没人要。”从老人们的言谈中可以看出他们对沿村编筐手艺的骄傲和担忧。想当年沿村编筐手艺在房山那么有名，虽说编筐赚不了大钱，但赚些零花钱没有问题，过去那些小商贩喜欢到沿村作买卖，因为沿村人编筐，手头有活钱，买得起东西。可是现在，没有年轻人愿意学编筐，更别说把这门手艺好好操练操练，一位老人惋惜地说：“哎，七贤（村）早不编篮子了，我们沿村的筐大概也差不多了!”

编筐勾起沿村人对过去生活的许多回忆，艰苦的岁月、动荡的时代、村落的荣耀、技艺的传承，这成为他们共有的话题。涂尔干认为社会团结的物质基础是社会分工，精神基础是集体意识。他把集体意识界定为一般社会成员所共有的信仰和情感的总和，强调集体意识的存在既依赖于个人意识中的情感和信仰，同时又独立于个人意识，弥漫于整个社会空间。不过涂尔干更为关注从仪式和信仰中寻求集体意识，他认为在部落典礼、仪式舞蹈、节日聚餐以及公众假日中产生的“集体欢腾”（collective effervescence）有益于社会团结。但集体欢腾只是日常生活中的一些特殊节点，在这些节点之外的更为寻常的生活中是依靠什么来形成和维护集体意识呢？哈布瓦赫认为是集体记忆使得对过去事件的回忆活在日常生活中。[①] 在欢腾的神圣时刻与宁静如水的日常生活空间充斥着或弥漫着集体记忆。并非像涂尔干所描述的那样，只有在集体性的仪式庆典中才能形成和激发社区的凝聚力，在神圣和世俗之间存在集体记忆这一中介变量，因

---

① 景军：《神堂记忆》，福建教育出版社2013年版。

而，神圣和世俗之间并非一个真空地带，它由集体记忆所充斥。[①] 沿村人在这些日常生活的闲谈中追忆、感受、评价着曾经共有的编筐生活，从而使编筐连接的集体意识得以绵延。

（2）家庭叙旧

过去，许多家庭依靠编筐养活一大家人，因而编筐成为家庭叙旧的中心话题，家庭血缘的纽带也因编筐的话题而加强。一次，笔者去 BSW 家访谈，在访谈过程中，他的家人相继回家，他的母亲和侄子也来到家中，这次围绕编筐技艺的访谈最后变成了耐人寻味的家庭叙旧。BSW 的母亲在回忆家庭编筐的往事，晚辈们则在一旁倾听，不时也发表意见。

BSW 的母亲说她丈夫 16 岁时便死了父亲，安葬父亲以后便去他大姑家做活，辛辛苦苦忙了一年，拿到两斗落瓤棒子，他的母亲不无感叹地说："还是亲大姑家了！"说到这里时，家里人都沉默了。母亲讲她丈夫自此以后就没有出去做活，跟着一位邻居学习编筐，之后一辈子便以种地和编筐为生，临去世的前一年还在编筐。她没有讲太多编筐的苦和累，而是讲编筐的好处。她说："干其他行当都要本钱，编筐不要本钱，上老乡亲家赊捆荆条，编出几个筐卖了钱便有本钱买荆条。你可别小瞧编筐的手艺，也能养家、也能置地。"BSW 也跟着插话："是啊，虽说现在来说编筐不算什么，可在过去就算是一门不错的手艺，能养活一大家子人了，80 年代初期比泥瓦匠挣得多。"

BSW 的母亲很希望 BSW 也能像他哥哥一样念书，对于 BSW 从事编筐这一行，她感慨地说："这就是一个人的命，小时候叫他念书，他不好好念，只有做庄稼主儿的命。"BSW 也自我解嘲，说小时候不喜欢念书，喜欢拿着小条杈，学着父亲编筐玩。说到妇女磕杈，家里的三代妇女有了共同话题。BSW 的母亲说，她刚嫁过来时没有磕杈，是婆婆帮忙磕杈，她主要是做饭和哄孩子，后来孩子大了便和婆婆一起磕杈，这个传统也延续到下一代。她的小儿媳妇也即 BSW 的爱人，嫁过来以后也跟随婆婆学习磕杈。BSW 的爱人还谈起当年磕杈把手磕伤的经历，而孙媳妇也笑着说她也磕过一两根荆条，不过是磕着好玩，孙子不编筐，她自然也不用磕杈。BSW 的儿子对泡荆条更感兴趣，他说河里的小鱼儿、泥鳅喜欢钻进

① 赵旭东：《权力与公正——乡土社会的纠纷解决与权威多元》，天津古籍出版社 2003 年版，第 286 页。

捆好的荆条里，每次捞荆条时如果动作快，便可以捉到不少小鱼儿和泥鳅。BSW 的侄儿和笔者年岁相近，他很疑惑笔者为什么不去调查笔者自己家乡精美的竹编，跑到这么一个陌生的村庄调查不起眼的编筐，在他看来筐太平常了。

由此看对于筐的社会记忆是以家庭为单位来承担的，每一个编筐家庭背后都承载着一段特殊的家族历史。这不仅因为编筐劳作模式是以家庭为生产单位，更重要的是家庭不仅是村落文化的诸项竞争中的“参赛单位”，而且是传统中国人的全部生活目的，是中国最主要的社会制度，是中国文化最重要的价值，从某种意义上说，一个中国人是为家而活的。[①] 不论是最初的生计选择，还是近乎一辈子的编筐劳作，编筐人所有行为的目的几乎都围绕家庭而进行，养育子女，为儿子娶媳妇，为老人送终，这些是他们为人和人生的意义所在，因而对编筐的记忆不只是为编筐人自己所拥有，而是编筐农户每一位成员所共享的，作为家庭生计的编筐同样是维系家庭情感的重要纽带。

家庭聚会中对编筐生活的言说，老一辈人日复一日、年复一年的编筐身体实践以及晚辈们在日常生活中亲眼所见的家屋或街巷中的编筐共同以体化实践[②]的形式留存和传达了编筐的家族和集体记忆。随着工业化进程的推进和生活方式的变迁，编筐的农户越来越少，或许以后的沿村人需要更多地依赖刻写实践来保存这份历史记忆。从这个意义上说，刻写实践所保存的记忆应尽可能接近体化实践所包含的丰富内容，这也对本书的调查和写作提出了要求，也即笔者不仅要关注沿村人编筐的生活，也要关注他们对编筐的记忆。

BSW 侄子的一席话也引发了笔者的深思，作为年青一代，他没有像父辈那样的编筐身体实践，因而对编筐有着去地方化的评判标准，认为南方的竹编比自己村里的荆编要精美，更值得笔者去研究。他的想法也代表

---

① 李银河：《生育与村落文化》，中国社会科学出版社 1994 版，第 135—136 页。

② ［美］保罗·康纳顿：《社会如何记忆》，纳日碧力戈译，上海人民出版社 2000 年版，第 91 页。美国学者保罗·康纳顿在《社会如何记忆》一书中，把记忆在人的身体内的积累方式区分为两种：一类是记忆的传达者以自己的身体举动来传达信息，信息的传达者和接受者都必须亲身在场参与传达活动，信息的传达才能够完成，保罗·康纳顿称之为“体化实践”（incorporating）；另一类则是在人类生物体停止发出信息之后，通过人类发明的符号系统传递和保存信息的方式，他称之为“刻写实践”（inscribing）。言说、姿势、动作等体化实践依赖身体而存在，而依赖于各种外在文化符号的刻写实践相对来说可以独立于身体而存在。

了一部分沿村人的想法，对于笔者调查编筐的事，他们感到疑惑，觉得一个普通的编筐似乎没有太多调查价值。笔者能理解这种想法，这是建立在常识基础上的推理。但对编筐的评价并非只有技艺和审美的尺度，这一点可以从 BSW 母亲的一席话中看出。BSW 的母亲并不像她的孙子那样，在对比竹编和荆编的工艺中评价编筐，而是很自然地谈到她的生活，谈到编筐对于家庭生活的意义。编筐不仅是全家老少的生计所依，也是维系个人和家庭尊严之所在。对于像她们这样的贫苦人家而言，编筐是个不错的生计选择，不起眼的编筐手艺不仅能养活一大家人，而且将编筐的收入一点点积攒下来也能慢慢发家致富，更为重要的是编筐手艺是靠自己的本领赚钱养家，可以少受一些为别人做活带来的欺凌和压榨，从而获得更有尊严的生活。比起不编筐农户的妇女，编筐农户的妇女拥有独特的劳作模式和生活节奏，她们会磕杈、破条，还会编织形制简单的筐篓。尽管磕杈的活儿不如绣花、做鞋等女红那样精细，但常年的磕杈生活一样可以磨炼女子的性情，在协助丈夫编筐的生活中，她们也一起编织了夫妻情分，延续着传统农耕社会中男耕女织的文化模式，尽管这里不是严格意义上的男耕女织，但内涵却保持着一致。

第五章　荆编销售和村落外的世界

一　荆编品的销售方式

沿村荆编品主要通过赶集、上庙会和串乡来售卖，少数时候也批给包买商。除集体化时期外，这种销售方式自新中国成立前至今一直没变。不同的是，改革开放以后，庙会虽有所恢复，但远不如新中国成立前兴盛。赶集和串乡成为近些年来荆编品的主要销售方式。

选择哪一种销售方式因人而异。集市和庙会有固定日期，一般人都是遇到集市赶集，遇到庙会赶庙①，其他日子串乡。也有的人专门赶集卖筐，沿村人称为“蹲集”。GR 年轻时候常赶的集是码头集和窦店集，后来年纪大了便赶长沟集。蹲集不像串乡那么辛苦，在沿村人看来蹲集和串乡的劲头不一样，蹲集是“人找我”，串乡是“我找人”。也有人喜欢串乡卖筐，因为串乡卖筐销量大，卖得快。BSK 和 SZQ 一直保持串乡卖筐的习惯，他们推着小推车、骑上自行车吆喝着行走在乡间。

（一）赶集卖筐

沿村地理位置优越，交通便利，位于房山、良乡和涿州三地的集市贸易网络中，西有位于拒马河出口的张坊古镇，东有繁华一时的琉璃河水路码头，南有位于涿房之交的京南第一集长沟，这三个集镇新中国成立前均是每旬四集，加上周边的小集镇，沿村人几乎每天都可以去集市卖筐，俗称“追集”。

---

① 房山一带称庙会为“庙”，称赶庙会为“赶庙”“上庙”。

卖筐

张坊镇居县城西南四十公里，南通涞易，北达三坡，是房山重要的商品集散地，输出的产品以鲜果品、木炭、香料、荆条、山木、药材等当地土特产为主，输入的产品则以粮食、布匹、食盐为大宗。琉璃河镇居县城东南十五公里，古时为燕国官员进都必经之处，古称燕古店，后因琉璃河域经济兴起，改名称琉璃河。琉璃河自古以来都是南来北往的交通要道，是房山经济贸易的水陆码头，当时琉璃河上可行船到保定、天津，商船载百货交易灰煤及土特产品于此。自京汉铁路琉周支线筑成，琉璃河为京汉铁路之要站，交通更为便利，市面更加繁荣。在民国二十年（1931）左右，琉璃河镇商业达到旺盛。南来北往的商船，过往的商人络绎不绝，城中的点心店昼夜营业。因每天发船时船只过多，镇上还组织专人指挥行船，按次序开船。民国二十八年（1939），琉璃河发大水，冲毁河道，无人修复，水运从此中断。

但长期以来，沿村人卖筐最常去的还是长沟集。沿村距长沟仅三里地，对于沿村人而言，长沟算是他们家门口的集了。长沟集历史悠久，与河北省刁窝、码头、松林店并称为京西南四大名镇集市。相传东长沟古城在汉代已是有名的水陆两用码头，圣水河穿境南去，东抵琉璃河，南连“鸣泽渚”，商贾云集，帆樯林立。清乾隆年间在此修建了南正行宫后，乾隆皇帝祭西陵途中多次驾临长沟，长沟集日渐繁华。据说长沟集上有名的饭铺“柳泉居”原名“李饭铺”，“柳泉居”三字乃乾隆皇帝御笔所赐。民国《房山县志》对长沟集亦有记载：“长沟镇在涿、房之交，涿境居三分之二，房山境居三分之一，商业以粮行为大宗，杂货次之，其他药行、盐店、布行等亦皆殷实。集分二、四、七、九，附近菜园居多，凡有婚丧购鲜菜者对集此焉。”在长沟集北边的洪河道上设有专门的筐市，沿村人过去都在这里卖筐。据老人回忆，过去长沟集最兴盛时，集市上人山人海，摩肩接踵，除房、良、涿三地的人外，还有来自北京、天津、山西、山东以及文安、霸县、涞水、易县等地的人过来买货卖货，有的客商成批量地购买沿村的荆编品，再转运至北京、天津、白洋淀、保定等地倒卖。

改革开放初期，大大小小的集市开始恢复，除房山的集外，沿村人常去涞水县的石亭集和娄村集，这两个集上卖筐锔的多，卖完筐后刚好可以买些筐锔回来。当时石亭集是逢五、逢十，娄村集逢二、逢四、逢七、逢九，长沟集是逢一、逢四、逢六、逢八，几个集期刚好错开。现在沿村编筐人常赶的集有长沟集、窦店集、仙坡集、张庄集。

（二）上庙会卖筐

庙会上的商贸市场也是沿村荆编品的重要销售场地，过去房山、涿州一带庙会活动兴盛，仅长沟附近的庙会便有十多处，庙会时间多集中在春季，三月初八为五侯庙；三月十五有无极屯庙、北务庙；四月二十八为西营庙；五月初一有长沟药王庙、房山城隍庙；五月初五为仙坡庙；五月十三为码头庙；八月初一为长沟峪庙会。据老人回忆，新中国成立前沿村人最喜欢赶庙卖筐，附近大大小小的庙会几乎都去，庙会的正日子虽说只有一天，但走会、唱戏和贸易活动往往能持续好几天，加上庙会上人多，因而是卖筐的好地方。虽说卖筐的人一般没有时间逛庙会，但身处其中感受一下那份热闹劲，也是卖筐人所喜欢的。

长沟的五月庙离沿村近，加上临近麦秋，正是卖筐的好时候，所以成为沿村人卖筐必去之处。新中国成立前，东长沟属涿县，西长沟属房山，当时庙会以西长沟的药王庙为主。药王庙所供奉的是药王孙思邈，相传他的生日为阴历五月初一，所以庙会的正日子是五月初一，庙会活动从四月二十九一直持续到初四。初一和初四刚好也是长沟的集期，庙会加上集市，使得五月庙无比热闹。以下是《房山文史资料》所载过去长沟庙会的盛况：

> 出了庙门则另是一番景象。大街上，戏台，戏楼（西头是戏台，东头是戏楼）前，甚至几条小巷都挤满了人。两头的戏开台了，十

> 几道会要起来了，河北梆子人们习惯听，爱好京剧的人也不少；旱船会、小车会、坛子会、高跷会也很招人，“五鬼捉刘氏”也是人们很爱看的。近处北良各庄，甚至远处大石桥、大次洛的挥武胜会（俗叫杈会）也常常赶到；这些会的主角儿都是年轻人，自从正月出会以后，早把劲憋足了，在庙会上正是大显身手的好机会，要起来特别卖劲，整个庙会呈现出一片欢腾的景象。
>
> 庙会的贸易活动非常活跃，房、涿串庙会的客商居多，连河北省文安、霸州、高阳县也常常运来一些土特产品。庙会的前一天就进行准备，时间来不及的就连夜赶到，有的预先钉上橛拉上绳，或者用石灰撒出线记，以便占好地盘，有的搭好布棚，整个东西长街都用布棚遮严了，主要是卖布匹、冷布、袜子、手巾等洋广货，间或有卖木梳篦子的，卖香口袋的，卖绢花的，卖避瘟散和凉油的，到时边卖边唱很能吸引顾客；靠药王庙东边卖杈把扫帚筛筐等农具，还有卖草帽蒲扇、芭蕉扇的；北后头称杂八地，有点像北京天桥市场的样子，说评书的，拉洋片的，变魔术的，吸引了不少观众；随之卖冰糖水的，卖凉粉的，卖杏儿，樱桃的，还有炸麻花的，老豆腐摊并卖烧裹焖小鱼儿。庄稼人平时省吃俭用，把攒下的钱都花在庙会上，大人觉得添置些穿的用的，庙会上东西多，得挑选。小孩子喜欢热闹，热闹看着觉得口渴要喝上碗冰糖水，吃上碗凉粉什么的，把大人给的一点零花钱总是要花在几天庙会上。①

1958 年以后，这些庙会基本上都没有了，现在沿村人卖筐能去的庙会主要是每年三月十五的无极屯庙会、小马村庙会以及四月十八的云居寺庙会。北务庙最近几年刚刚恢复，只有烧香、走会等活动，尚未形成贸易市场。

（三）串乡卖筐

沿村人串乡卖筐的范围很广，最远到北京，一般集中在北部半山区、东边平原和涿州北部一带乡村。赶集和赶庙卖筐都可以搭伴而行，但串乡卖筐一般都是单独行动，各人有自己常去的几条路线。筐的使用时间长，

---

①　游来柱：《房山文史资料全编》，中国人民政治协商会议北京市房山区委员会 2003 年版，第 53 页。

所以卖筐人不能像其他串乡小贩一样，固定在某一个路线上，而是有多条行走的路线。

BSW 今年五十多岁，20 世纪 80 年代开始编筐卖筐，他卖筐常去的路线有四条：一条是往东走，从五侯出发，经过韩村河、西东、李庄、琉璃河、刘店、董家林、庄户屯、立久、回称、百草洼、芦村、窦店、良乡、长辛店，最后到丰台。另一条是往北走，从岳各庄出发，经过新街、新庄、周口村、顾册、房山南关、房山东关、饶乐府、马各庄、大董村、小董村、阎村、良乡、苏庄、哑巴河、再到长辛店、卢沟桥。另两条是去涿州的路线，一条从长沟出发，经过上坡、兴旺、上庄、练庄、清港、下胡良、大石桥，最后到涿州北关。另一条从长沟出发，经过浃河、冯村、百尺竿、下胡良、大石桥，再到涿州北关。有时也不一定各个村都串到，主要是看卖的情况。临近大秋生意好时，串一两个村，筐可能就卖完了，回家时才九点来钟，吃中饭前还能继续编两个筐。

在三种卖筐的方式中，串乡卖筐最辛苦，一般都得早起，俗称“起五更”。过去没有钟表，只能看天上“三星”的方向确定时间，老话说“三星正南，家家过年”，冬季三星在正南方时差不多是夜里 12 点。也可以听鸡叫起五更，经常起早的人都知道“春三秋四冬八遍”的老话，意思是说春天鸡叫三遍天亮，到夏天鸡不爱叫，秋天里鸡叫四遍天亮，冬天则要叫八遍天才亮。过去卖筐有用排子车拉的，用小毛驴驮的，用小推车推的，还有用肩挑的，现在多是骑自行车或三轮车，比以前轻松多了。

串乡卖筐主要以卖背筐、筛筐、笼驮等农具为主，与农业生产的季节性密切相关。大麦二秋之筐的行情最好，家家户户都要为秋收准备农具，筐也走俏，再贵也有人买，过了大秋筐价便开始下跌，到冬季买筐的更少。临近年关时，猫笼卖得较多，家家户户都要杀猪过年，为防止猫偷吃猪肉，便把肉放进猫笼里。其他为年歇准备的炸货也会放在里面。现在都有电冰箱，不用猫笼，整个冬季基本上是卖筐的淡季，年轻一辈的卖筐人基本不卖筐，而是改做其他的小买卖，比如说改卖糖葫芦或红豆腐，等到开春以后才重新卖筐。这几年卖筐的人越来越少，筐的行情还不错，2007 年一个背筐大约能卖 15 元钱，到 2008 年涨到 25 元，2014 年卖到 45 元左右。

编筐是技术活儿，卖筐却是嘴皮子的功夫。尤其是串乡卖筐，不仅要吆喝，还得主动搭理人。有的顾客想买也不想买，没准儿聊几句闲天他就想买了。沿村有位叫 TH 的老人，已经过世多年，据说他很会卖筐，村里人都叫他“粘黄雀儿”。过去抓黄雀儿时，用粘上胶的竹竿往黄雀身上一点，黄雀就被粘住了，TH 卖筐就好比粘黄雀儿，只要买筐的人上他跟前瞧筐，他就有本事让别人把筐买下。俗话说“三年学得出大买卖人，学不出小买卖人”，做小买卖最不容易，什么样的人都能遇到，但出门做生意讲究和气生财，有什么事一般都忍着，用卖筐人的话说是“犯不着跟顾客喘气”，即没有必要和顾客生气的意思。道理是这样，但实际卖筐时与顾客拌嘴甚至打架的事，偶尔还是会发生。有时候买筐的人多，也发生丢筐的事，收钱时一不小心也会收到假钱，遇到这些情况也没办法，只能自认倒霉。

现在，年轻一辈编筐人中串乡卖筐的很少，一般都是赶集卖筐，或是将筐送到杂货店代卖。莱筐、篩筐等一般都是有人订货以后才编，一般不用自己卖，由订货人自己拉走或是送货上门。

二　村落外的熟人社会

乡村社会的手工编织具有自产自销的性质，因而在售卖过程中结成了诸多村落之外的社会关系。“熟人社会”最初是费孝通对中国传统农村社区社会特征的概括。他指出乡土社会在地方性的限制下成了生于斯、死于斯的社会，假如在一个村子里的人都是这样的话，在人和人的关系上也就发生了一种特色，每个孩子都是在人家眼中看着长大的，在孩子眼里，周围的人也是从小就看惯的，这是一个熟悉的社会，没有陌生人的社会，熟悉是从多方面、经常的接触中所发生的亲密的感觉。① 尽管费孝通所指的熟人社会更多地局限在村落之内，但这里还是想借用这个概念来指称沿村人在卖筐过程中结成的各种村落之外的熟人关系。

由于常年在周边乡村和集市卖筐，沿村人形成了属于自己的村落之外的熟人社会，这个熟人社会里有买筐的顾客、外村的村民、集市上的同行、赶集的人。串乡卖筐是最为自由和最富有人情味的一种交易方式，地点和时间由卖筐人自己掌握，旁边一般没有竞争者。卖筐时也不是只和外村的顾客谈生意，顺带也会聊聊闲天，打听一下彼此村里的情况。交易成功后可能还会继续聊一会儿，投缘的话甚至会天南海北地侃起来没完，下

---

① 费孝通：《乡土中国　生育制度》，北京大学出版社 1998 年版，第 9—10 页。

次再来时双方可能就成为熟人。当然也因卖筐人的个性而异，有些人不太喜欢聊天，做完了这个村的生意便匆匆忙忙赶往另一个村；也有的人喜欢侃大山，聊天的时间甚至比做生意的时间还长，因而所结识的熟人圈也有大小之别。

卖筐人常常有几条较为固定的串乡路线，因而有一些较为熟悉的村落。一位卖筐的村民告诉笔者，他近些年最常去的村是涿州大邵村，那个村菜园子多，每年都有不少人买筐，因此他对那个村很熟，每次卖完筐，大伙儿就会招呼他一块待一会儿，互相聊一聊最近的生活，大邵村属于河北省的村落，在村庄建设和村民待遇上不及北京市的村落，所以聊天时村民们常常感叹北京市与河北省的差别。由于是多年的熟人，村里人对他的家庭情况也很了解，知道他的老伴儿是聋哑人，明白他的难处和苦处，有的人也会劝他，说这么大岁数了，就不要跑这么远卖筐。对于他而言，能舒心地聊几句闲天比卖了几个筐还高兴。

另一位卖筐的村民常去的村落是东边韩村河镇的曹章村，那里有他认识的熟人，一半是因卖筐而结识的，另一半则是因为走高跷认识的。说来曹章村和沿村还有一段渊源，20 世纪 50 年代为迎接东北大军，长沟公社各个大队组织成立花会，沿村成立了高跷会，请的师傅便是曹章村人。每年正月沿村高跷会先要去曹章村走会谢师，据说师傅为人仗义，每次都会设宴热情款待。这位卖筐村民是高跷会的成员，没少去过曹章村，虽说现在两个村都没有高跷会，但他来这里总能得到一份特殊的待遇，即便是碰到不认识的人，但只要提起过去两村的这段情分，关系自然变得亲近，20 世纪 80 年代曹章村高跷会走会时他也被邀请参加。他卖筐时曹章村人总会开玩笑，让他唱一段高跷会的曲儿。

集市上卖筐形成的熟人圈多半是同行，大家都追集，今天在这个集市上碰面，明天在另一个集市上又碰面，时间长了大家便成为熟人。同为做生意的，一般有什么事都会互相照应。比如邻近的摊主有事离开，顺便帮他看一下摊，有顾客来买东西，从中帮忙说合，俗称“打圆盘”。以下是卖筐的一段对话：

1①：你要一个吗？

---

① 1 为卖筐的人。

3[①]：我先看看。

2[②]：老爷子要一个吧，这篮子挺好的。

1：给你算便宜点得了，我这先卖8元钱，你要给6元钱行吗？

2：要一个吧，6元钱是工钱。

1：这是我爹编的，我爹岁数大了，不干了。

2：多棒啊，这小篮！

1：就要这个了，给6元钱。

2：8元钱不卖，要6元钱，这行。

1：您哪村的？

3：龙骨山村的，我说龙骨山一般都知道。

1：哦，周口店的。

2：周口店的，这么老远赶集来了。

3：玩来了。

1：找你14元。

2：还有一个，都要了得了。回去盛饽饽、拣鸡蛋、摘杏儿都行。

1：你知道这条儿从哪儿弄来的吗？从固安弄来的。

3：呵，这么远弄来的，那就值钱了。

2：可不是吗？

1：你这么大岁数，我真没多要你钱。

2：你这一个日工儿还好几十元钱，这一个小篮儿编半天也编不完。您这要了就算买值了。

有时看别人东西卖不出去，也帮忙买一些，互相照顾生意。BSW在芦村集市上认识不少卖筐锔的人，由于平常互相关系不错，所以买筐锔时总能拿到最低价。互相投缘的话，熟人也会成为朋友。GT赶码头集时经常在一家马车店住宿，时间长了，和店主的儿子交上了朋友，吃住都不收他的钱，两个人来往了几十年，GT家二儿子娶媳妇时还是到这个朋友家里借的钱，后来岁数大了走动不方便，来往才少一些。

宗亲和姻亲是乡村社会最基本的两种关系，姻亲主要生活在村落之

① 3为买筐的人。

② 2为一旁打圆盘的人。

外，因而在说到某村时，沿村人往往会以某某媳妇娘家那村来指称这个村，也即是说对外村的认识往往与姻亲关系相连。嫁到外村的沿村的姑奶奶回娘家时会带来婆家村落的信息；而嫁到沿村的媳妇则通过住家[①]带来娘家村落的信息，在勾连村落与村落之间关系时，姻亲关系起到了重要作用，这种作用也体现在编筐人的村外交往中。

在开始的谈话中，双方村落的姑奶奶往往成为话题的中心，之后再谈到双方村里的大情小事、村落变化和最近的新闻。以下是一位沿村卖筐人与一位收废品的村民间的谈话：

1[②]： 你哪村的？

2[③]： 我沿村的。

1： 沿村过去尽编筐的。

2： 您哪村的？

1： 崇义，老辈子出沙锅，听说了吗？

2： 听说过，崇义贵姓啊？

1： 我姓魏。跟崇义有亲戚啊？

2： 你们村有一姓史的是我姨姐夫，我姨姐是南韩继的娘家，我姨姐夫叫什么来着……

1： 你说的是史来吧？

2： 是，个儿不高，老实巴交的。

1： 你们沿村姓什么啊？

2： 姓白。

1： 沿村姓白的有个老姑奶子聘到兴旺，你知道吗？也得够70了吧，他有个兄弟在房山住着，听说没了。

2： 你们是亲戚怎么呢？

1： 我跟这老太太是亲戚，沿村老白家的姑奶子是我们家的一舅母，这么是一舅丈母娘，聘到兴旺老郑家。

2： 那郑守才他们家？

---

① 房山一带称回娘家居住为“住家”。

② 1为收废品的村民。

③ 2为沿村卖筐人。

1：　是啊。

2：　那你们家是哪儿的娘家？

1：　清风的娘家啊，郑守才的姐姐是我老丈母娘，就这么一个关系。

2：　那是我们后院一大姐姐，叫白书兰，我们前后院。

1：　得70多了吧？

2：　没有，就在70吧。

1：　他有一个兄弟，原来我听说在房山，没了。年年我都上清风去一回，上那儿待会儿，他们好像哥儿四个，就剩俩了。

2：　对，哥儿四个，是我一当家子，房山那个是二哥，我那三哥没了，还有我那一大哥，我那老哥跟我同岁，他比我生日大。

1：　我上房山东念收废品，有时就把车搁他那。不知叫什么，他在那修洋车。

2：　叫白叔华。

1：　前一阵儿，我骑车带不了那么多，想把车扔他那儿，一打听说他死了。听说先寻一罗锅媳妇，后来又寻一个，天开的。

2：　哦，是天开的，我大姐姐和二姐姐。

1：　那不是守着呗？

2：　他也留下一小子。你要说这个，这村有一个叫陈万金的。

1：　哦，知道知道。

2：　也是咱老白家的表兄弟，逢沿村姓白的我们都是一个祖宗。

1：　不是有这么一句吗？"七贤的篮子，沿村的筐，北务的小伙儿请大香，壮的做柁檩，细的做窑桩，不壮不细做炕帮。"你们村的特产是编背筐子，现在编背筐的恐怕都超不过五份。

2：　也就那么几份吧。北务收废铁，这些年可欢了，这一个村的存款就顶长沟18个村的。

1：　这猪肉落价，你们村王宁得赔了吧？

2：　他赔得了吗？

1：　他养老些猪，能不赔吗？

2：　也是国家给他出的钱，他赔不了。他建的那个猪场，国家给赔了40万。

1：　那倒赔不了。我这么想着他养千八百头猪，这一下子赔了可了不得。

你们沿村拆迁，你赶上没有啊？

2：　头一份就是我。

1：　那给了你多少钱呢？

2：　我那六间房，5间大瓦房，东西配房，一个耳房，给了我十万零几。顺这能上琉璃河吗？

1：　顺这儿，你带着两挑，过铁道时那边有一条道，得爬一坡，你还不如顺这边出去，饶油漆道走。

2：　多会儿上我这喝水去。

1：　行，行。

他们互相都不认识，上同一个村做买卖碰到一起，便随意聊了几句，话题是从双方都认识的亲戚开始，都找到关联后才开始谈些别的事。在传统乡村社会中，陌生人之间的交谈遵循一定的规则，用当地话来说就是"找黏儿"①，通过寻找共有的亲戚来拉近彼此的距离。

黄国光认为中国社会人际关系与西方个人主义不同，是集体主义导向的，这意味着村民在村外交往中是以集体成员的身份来进行交往的，而不是以个体身份来交往。集体成员身份在传统乡村社会中包含家族和村落两个基本层面，在村外交往中更多地体现村落层面，也即是说，村外交往中往往体现的是村落认同。比如说，在初次交谈中往往会问对方是哪个村的，尽管回答有多种多样，如果不是一个镇的，回答时除了说村名，可能还会说镇名，如果不是北京市，可能还会说是河北省的，但问话时一般还是习惯问对方是哪村的，而很少问对方是哪个镇的或哪个省的，这几乎成为村外交往中问话的惯例。以上两个案例中均体现了这个惯例，人们在交谈中不一定真正关心对方是哪个村的，而是一种习惯性地询问。在村落之外，村落是最基本的身份认同，或说是一种本然的心理认同。当然这并非简单地将其归属于认同的"本质主义"②，因为本然的心理认同也是一个

① 房山一带称关系为"黏儿"。"黏儿"在日常生活中很重要，要干什么事都得有"黏儿"。

② 关于认同问题，学术界存在建构主义和本质主义之争，本质主义认为，个人的认同是自然拥有或生成的，是通过个人的意志和理性获得的，因此人们对自身的存在有清楚的认识和理解。建构主义认为认同是社会建构的，是社会通过一系列的知识教化机制和权力惩罚机制而强制建构的。（祁东涛，2006）。

历史建构的过程。

三　超村落的信仰

手艺人的信仰往往与祖师爷崇拜相关联。比如木瓦工敬鲁班，缝纫工敬轩辕，金银铜铁锡敬太上老君，屠宰业以张飞为祖师爷，鞋匠敬孙膑，剃头匠敬罗祖，席篾匠敬张班。沿村编筐手艺人中并未流传祖师爷的故事和传说，他们的信仰更多与地方社会相关。

（一）庙会上的“娘娘”与“西山老奶奶”

村落内的山神信仰以祈求采割荆条时的平安为目的，村外庙会上的信仰则与卖筐生活相关。沿村人赶庙主要以卖筐为目的，但庙会上的神灵亦对他们的信仰产生了影响。每到一处庙会，沿村的卖筐人往往先去庙里烧香，祈求神灵保佑出门做生意平平安安，保佑筐能卖个好价钱，然后才开始做买卖。

过去房、涿一带的庙会以娘娘庙会为多，房山不少村落也建有娘娘庙，沿村虽然没有专门的娘娘庙，但村中的观音庵中亦祀有两座娘娘神像，娘娘信仰在房山一带分布相当广泛，从更大地域范围来说，它隶属于京畿碧霞元君的信仰圈之内。规模较大的娘娘庙会有涿州庙会、长沟峪庙会和天开庙会，天开庙离沿村最近，距沿村村北只有6里地，沿村西北角专门有一条老道通往天开，被称为“天开道”，因而天开庙会是沿村人去得较多的娘娘庙会。

天开娘娘庙位于天开村南，正面大殿内供有娘娘的神像，两旁是四大天王。配殿内供有虫王、药王、吕祖、老爷等神像。关于天开娘娘还有一则传说。相传金章宗年间，天开村内居住着皇丈伊阁老。阁老府中伊娘娘有姊妹九人，分别嫁于孤山口、甘池、洪河、胡同口、曹章、小邵村、涿州、支楼等村，每逢节日便回阁老府省亲叙旧。当年那气派，真是威风凛凛，前呼后拥，十分显赫。伊娘娘死后，章宗皇帝便下旨在黑龙潭西岸建造了这座规模壮观的娘娘庙。之后，各处皇亲国戚便在四月十八这天来娘娘庙进香祈祷，周边村落的花会也纷纷过来走会，据说最盛时期有一百多道会，沿村人给天开娘娘烧香多以求子为目的。

过去沿村人参加的庙会中也有西山老奶奶庙会，但不是很多。相传刘秀被王莽追杀，危急时刻被一老奶奶所救。刘秀登基做皇帝后，封老奶奶为“承天效法，后土皇帝”，并拨重金建庙塑金身以供祭祀，即为西山奶奶庙。位于冀中平原西北部的河北省易县、涞水等地农村，至今仍保留着浓厚的后土信仰习俗。

北务庙原为佛教寺庙，名为般若寺，有前后三重大殿，前殿供有四大天王，中殿为佛祖殿，后殿为菩萨殿，另有偏殿供有关公。新中国成立前夕，村中开始流传西山奶奶显灵的传说。村中有一妇女在家待不住，老往庙里的大柏树那里跑，大家以为她疯了，就把她捆起来送到家里，她到家后还是待不住，仍然往庙里的柏树那里跑，还自言自语说自己是西山老奶奶，村民们认为西山老奶奶附体到她身上。庙里那棵大柏树因此成为神树，大伙儿为它披挂红袍，在树前烧香许愿。后来，村中关于西山奶奶显灵的传说越来越多，村民们觉得这是西山老奶奶想留在北务的征兆，于是为西山奶奶塑了泥胎，将其供奉在中殿的西厢房，并在每年三月十五西山老奶奶生日时设立庙会。

由于西山老奶奶的灵验，方圆百里的人都来北务庙会烧香，每到三月初十，各地客商便早早赶来，在庙前的空场上钉橛拉绳，抢占地盘，庙会活动一直持续到三月十八。沿村与北务相隔不到2里地，自然也有许多人去北务庙会烧香。GT过去常赶北务庙卖筐，他笑称“西山老奶奶管得宽”，什么事情都能管，也管他卖筐，所以每次去北务庙会，他都要给西山老奶奶烧香。

“文化大革命”期间北务庙被拆，原来的庙址盖了学校，但仍有村民偷偷给西山老奶奶烧香，关于西山老奶奶灵验的传说也一直不断，据说当年决定拆庙的村干部全家一直都过得不好。至2000年后，曾和柏树一起放倒的庙中藤萝竟然重新发芽，村里的人将其视为起庙的征兆，2004年北务庙会开始恢复。房山东南部平原一带传统庙会恢复得很少，北务虽然属于河北省，但紧邻房山，北务庙会的恢复无疑给周边村落烧香祈愿瞧热闹提供了方便，加之北务庙会组织人员在庙会宣传上做得很好，不仅在长沟集上散发传单，也利用亲戚朋友向外宣传，所以自2004年至今，北务庙会的香火一直很旺。

北务庙会恢复以来，沿村有不少人过来烧香磕头。GT是从嫁到北务的大女儿那里听说北务庙会恢复的消息，很久没有赶庙的他兴致勃勃地骑上卖筐用的电动三轮车，带上老伴去北务听了两天的戏。2008年北务庙会发生了一件戏剧性事件，正在大家为庙会做最后的准备工作时，保定市突然来人说北务庙会没有办理正规手续，加上是临近2008年奥运会的特殊时期，所以不让举行庙会，这一年的庙会最终没有举行，庙会的组织者心情沮丧而复杂，有的甚至还流泪了，不少来逛庙会的人也失望而归，GT对庙会的取消也感到很遗憾。不过，庙会取消的只是唱戏和走会，对烧香活动没有太大影响，三月十四晚上依然有人过来抢头香，沿村也有不少人过来烧香。

庙市的交易一般被划归为庙会中的世俗部分，但对于卖筐人而言，却介于世俗与神圣之间，因为卖筐人是以多重身份来参加庙会的，既是小买卖人，也是香客，同样也是庙会娱乐的享用者。

（二）出钱有份的将军庙

北泉水河是拒马河在房山境内的重要支流之一，每到雨季河水暴涨，为免水患，北泉水河源头的北甘池村西修有一座将军庙。相传将军庙原名圣泉寺，为佛教寺庙，因庙中供奉治水大将军冯夷而得名。圣泉寺修建年代已不可考，但关于圣泉寺的修建还有一则动人传说：

> 很早以前，寿阳山麓怪石嶙峋，人迹罕至。一年，天旱无雨，烈日当空，方圆数十里禽兽皆无。崎岖山路上，衣衫褴褛的求雨人走到这里时已是奄奄一息。正在这时，山路对面来了一个中年汉子。他背着一个柳条筐，筐里用红布包裹的物件在阳光下显得格外耀眼。烈日的烘烤和背上沉重的物件，使这位中年汉子大口地喘着粗气。只见他全身被汗水浸透，不时地把额头滚下的汗珠捋下，放到嘴里吮吸。显然这位汉子体力消耗也已到了极限。
>
> 突然间，一块巨石绊住了他踉跄的脚步，他一头跌倒在路旁，背上的红布物件重重地压在了他的身上。“救人！”濒临死亡的求雨人，挣扎着来到中年汉子的跟前，想搀扶他起来。“水……水……”中年汉子用沙哑的嗓子喃喃地呼唤着。水！到哪里去找救命的水？无奈的人们焦心地望着他叹息。一位老婆婆正往自己孙子嘴里吐着咀嚼碎的草根，听见呼唤，她丢下孙子，挣扎着爬到已昏厥的中年汉子跟前，用力地将咀嚼的草根，一点点送到他的嘴里。略带甜味的草根和满蘸善心的唾液，如甘霖润醒了这位汉子，他干涩的眼睛涌出了感激的

泪水。

抬头见身边围满了饥渴难挨的人们，这位汉子一头跪在鬓发苍白的老婆婆面前，指着筐中的红布物件，说："把红布揭开，这是水!"听说有水，人们脸上掠过一阵惊喜，但很诧异地问道："水?""上方山的老祖把山中72泉中的旺泉水给了我，这是解救我们沧州大旱的救命水。"他喘着气，指着红布物件："这尊泥胎，放到哪儿，哪就有泉水涌出。"老婆婆听完，忙摆手："这可使不得，你背泉是要解救家乡父老乡亲，怎能轻易送人。""看来我也回不到沧州了。临来，上方山老祖叮咛我，救人为本。此生遇见善心人，如遇父母，我已无愧家乡了。"说完，他便揭开红布，只见泥胎滚落岩石下面，立地为水，顷刻，岩石便翻涌出清澈的泉水。中年汉子也和泥胎一起化作泉水，向四野流去。

人们百感交集，齐刷刷地用手捧着泉水，跪在泉旁。此时，柳条筐也随风飘去，散开落地，立时干枝返绿，化作了一棵棵柳树。老婆婆咀嚼后送到汉子嘴里的草根，也化作了一株株稻谷秧苗，在四溢的水中生根。

从此，这个地方柳树茂盛，稻谷飘香，人们便傍水而居，逐步成村，取名"柳村"。之后，人们络绎而至，村落渐起。因北为上，落居此地的人们敬仰让泉的沧州人，不越其立，村落只居于其他方位，便依方位取名为东、西、南、北四柳村。为了纪念这为善心人，人们在泉边建寺，取名"胜泉寺"，塑泥像以祀之。因不知其名，故塑将军貌奉祀，寺院又俗称"将军庙"①。

胜泉寺依山傍水而建，山门两侧书有对联，上联为"青山叠翠"，下联为"绿水环流"。寺内有三人合抱粗、两丈高、三丈宽树冠古槐一株，东西向前后殿各三间，南北向厢房各三间，西南角库房两小间，前殿面朝东供奉的是河伯将军冯夷像。据传冯夷乃轩辕黄帝之子，因治河有功，经历代敕封为河路将军。影屏后面朝西的是身披甲胄，手持宝杵，护法降魔，威震一方的韦陀大将，故亦称将军庙。后殿供奉的送子观音菩萨，一手抚摸孩提意为送子，一手托宝瓶。前后正殿两侧建有石板房，南北各三

① 游子良：《京畿古镇长沟（续集）》，北京燕山出版社2007年版，第13—16页。

间，为和尚禅房。据当初殿内悬挂木牌所书内容得知，胜泉寺在清道光十一年（1842）曾重修。历经百年，又于民国二十六年（1937）五月再次重修，并立石碑一通。胜泉寺最终毁于20世纪70年代中期，现仅存碑身一块，底座无存。①《重修胜泉寺碑记》录文如下：

> 我中国自神道设教以来，祠宇遍满城乡。察其用意，凡有裨于民生，有功于社会者，罔不祀之。房山县西南乡北甘池村西北寿阳山麓，有甘泉焉，系甘泉河之东源。史记：北方有比目鱼，即此水之特产也。复见涿房旧志乘水经注诸书：近临西岸之上，有胜泉寺其迹最古，创始于何代远不可考。殿内仅悬一木牌，记道光十一年重修，近于百载有奇。坍塌渗漏，颇有年久失修之败象。村中口民有莘厚田者，慷慨数昂，不□□视，遂于今春，倡议重修整顿。乃汇集乡党，协同往持僧永祥等，一再□□象□□□□成斯举。奈以连年荒旱，谷粟歉收，巷间萧条，本村助饮，独力匪易。幸此泉水畅旺，上游则罗家裕等村，取料、人畜赖以生活。下游则长沟、上坡、夹河、杜村，藉兹水利灌田，若顷而丁，蒋庄一村，掘井颇口，但灌田于人畜生活非用此水不可。于是除卖公产地二亩，本村捐助工洋外，募化上下，游诸村，襄成腋。及后殿撤换梁木，供奉送子观音，焕然一新矣。夫观音者以耳根慧目，观世之音也。比佛次一等，而称菩萨。以普度为念，幻作女身，手扶孩提送子以慈周遍保赤，无方挹彼瓶中法水，注兹胜泉，甘洌清香，而人民受惠实莫大焉。前殿三楹，则倒堂竖造，彻底重修。中位改祀河伯将军冯夷。按冯夷系轩辕黄帝之子，生为水官，治河有功，设后天帝者为河伯，经代奉为河路将军，以防水患而济民生。附近诸村吸饮此水，报本探源，咸乐祀将军。映屏背西向，塑有韦陀大将，披甲胄，持宝杵，法降魔，威震一方。多生善士，良有以也。山门居寺之良位，四周缭以墙垣，一律补修。□□告发起经理诸君，拟列众善芳衔，勒诸贞珉，昭示永久。嘱余为文，遂直书其颠末以为记。
>
> 民国二十六年　夏五月　　谷旦　文献会委员怀玉乡焦琴舫撰文

① 游子良：《京畿古镇长沟》，北京燕山出版社2007年版，第129页。

邑人　察哈尔任用县佐唐行书丹　石工 刘芳 刘振纲　镌字[①]

沿村人的农耕、编筐都依赖北泉水河，因而民国年间将军庙重修时沿村一些富户均捐献了财物。由于将军是后来改祀的神灵，所以在北泉水河沿岸各村并未形成祭祀将军的传统，加之许多村村内都建有佛教寺庙，所以去将军庙烧香之人不多。不过作为泉水河源头的庙宇，将军庙还是颇具象征和凝聚意义，起码从修庙捐款中可以看出沿岸村落围绕河水形成的命运共同体意识。

四　交往中的地方感

在山里采割荆条时，沿村人不只是面对静谧的大山，在路途中或是休息时也会与当地村民聊天，获得山的知识和各种风物传说，从这个意义上说，他们也是山的子民。羊耳峪是房山燕山东岭的一个村落，沿村人常去那里采割荆条，比起其他采割荆条的村落，羊耳峪村似乎在沿村人心中留下了更为深刻的印象。村民们告诉笔者，羊耳峪的葛针和其他地方长得不一样，一般的葛针都有弯钩，而羊耳峪的葛针则是直的，他们还告诉笔者关于羊耳峪葛针的传说，相传穆桂英在羊耳峪生下杨宗宝，一不小心战袍被葛针刮破，穆桂英只是轻轻地说一句："衣服被刮破了。"刚说完这句话，羊耳峪所有的葛针的弯钩全变直了。

不少沿村人都熟悉这个传说，有的是采割荆条时听来的，也有的是从父辈那里听说的，但不管通过何种途径听到这则传说，多数沿村人尤其是沿村的编筐人都和山里人一起分享了这则故事。沿村人可能更为关心葛针的故事，因为这与他们采割荆条的生活紧密相连，但穆桂英的故事也深入到沿村人的心中，历史的烽烟、英雄气概和冥冥中上苍的力量与一个普通编筐村落的生活连接起来，个体生命的历史感和地方感也在此基础上产生。

黄马崖是长沟镇北六聘山中的一座山峰，因为形状像一匹黄马，故名黄马崖。沿村人经常去六聘山采割荆条，也常听当地村民说起黄马崖的故事：

---

① 游子良：《京畿古镇长沟》，北京燕山出版社 2007 年版，第 130 页。

相传很早以前，六聘山孕育了一匹“金马”，它出来沐浴日月精华时必须要赶在中午时刻回山，否则，“山门闭合”就再也回不去了。

六聘山下一个孤儿给东家放马，总把马赶到六聘山上。一天，他忽然发现马群中多了一匹黄骠马，全身金光闪闪的，十分精神。黄骠马一点也不“认生”，和其他马摩头擦脑，亲近无比，十分开心。牧马童十分惊诧。中午他赶马群回家的时候，这匹马就不知去向了，总引得群马嘶鸣，好像在寻找这位不知去向的朋友。

久而久之，牧马童和黄骠马成了好朋友，几乎到了难舍难分的地步。为了早点见到黄骠马，牧马童从此每天都早早地把马群赶上山，急切地等待它的出现。一来二去牧马童反常的行为引起了东家的注意：“为什么他这么早就把马赶了出去，莫不是借此去给别人干私活？”在东家反复追问下，善良的牧马童不得不说出了实情。这下可把东家高兴死了：“莫不是金马真的出世啦？”他立刻想出了一个鬼点子，并不露声色地把牧马童放了回去。

第二天，当牧马童正要早早地把马赶上山的时候，东家拦住了他：“把这些红布条拴在每个马的脖子上。”牧马童不知其意，仍像往常一样赶马上了山。东家也带了一个家人尾随其后，悄悄地躲在了一块巨石后边，静静地观察着。果然黄骠马又跃了出来，和马群嘶闹在一起，牧马童亲热地拥抱着它的脖子，就像久别重逢的亲人。

这时，躲在岩石后的东家和家人发疯似的冲出来三跃两跳到了黄骠马的跟前，一把拽住了马的双耳。黄骠马受此一惊，长啸一声，腾开四蹄想要挣脱，但它显得有些力不从心。原来，坏了心眼的东家给每匹马的红布条上都施了“法水”，受群马“法水”的影响，神马失去了“神力”。黄骠马误以为是牧马童出卖了它，十分气恼，冲着牧马童大吼三声，整个山峰都摇动了起来。

牧马童见东家薅住了黄骠马，也急了，他使足全身力气用鞭子向东家抽去，一下子抽瞎了东家的眼睛。家人见状，撇下黄骠马径直向牧马童冲来，将他狠狠地摔在了岩石上。牧马童头部顿时鲜血直流，昏死了过去。醒悟的黄骠马趁机会挣脱了出来，悲鸣地长跪在牧马童的身边。

此时，天将正午，苏醒的牧马童抚着金马的马鬃喃喃地对它说："快回去吧，天快午时了，要不回不去了。"说完便垂下了头。

黄骠马放弃了"山门闭合"的最后回山机会，化成了一道山崖，永远地留在了牧马童的身边。这道山崖就是黄骠马，它的眼睛望着南方，全身闪着金色的光芒。这道光在中午时分愈加显得明亮，人们在老远的地方就能看见守护着牧马童的黄骠马。①

每一个地方都有与其独特的地理景观相映照的地方风物传说，在自然地理学意义上，一个地方只是一片自然形成和人工造就的地形地貌而已，而因为有了地方风物传说，这些地形地貌才获得了意义，那些庙宇冰泉、山丘河川才成为龙脉所系的福地、恬然可居的家园，那些与地理景观相关的神仙下凡的神话、先祖卜居的传说、风水堪舆的故事，就赋予了这些景观以不同的意义，也让这些景观在地方空间中具有不同的地位和重要性，从而在当地土著的心目中勾勒建构了一幅乡土地图，这幅地图和地理学家或者任何一个外来人居高临下鸟瞰的地图迥然不同，是一个别具风情的地理世界。正是有了这些山中风物传说，山地在沿村人眼里才获得了特殊意义，也因为他们与山地的村民共享这些地方知识，感知和精神层面的地域社会才得以构成。

采割荆条带来的对山地的认知也连带着沿村人对山里人的评价。在日常生活中，沿村人对山里人的基本评价是精明、能干。沿村的老太太许多都是从山里嫁过来的，村里人常挂在嘴边的一句话是："这山里的老太太就是能干。"去山中采割荆条的编筐人都认为山里人比平原人精明，平原人比不上山里人。不过沿村人对山里人走路的姿势和语言充满着新奇，山里人走路在他们看来是"高抬腿"，说话的口音被他们称为"水音"，山里人喜欢称"昨天"为"列个"，所以沿村人还有一句顺口溜："山里人，气话多，张嘴说出个列列个。"每次提起这句顺口溜时，大家伙都会乐半天。沿村人对山地的认识是多层面的，既有"一方水土养一方人"的区分，也有因采割荆条而拥有的共同情感和认知。

① 游子良：《京畿古镇长沟（续集）》，北京燕山出版社2007年版，第235—238页。

第六章　基层市场中的村落共同体

一　房山基层市场与村落特色生计

现在的房山区由过去的房山、良乡两县合并而成。房、良两县乃京门锁钥，矿产和果木资源丰富，自古商贾云集，交通便利，清末民初平汉铁路贯穿境内，矿业兴盛，进一步促进了商业的发展，形成了密集的城乡集市网络。

民国时期房山基层市场主要由十四个集镇构成。这些集镇中以城关镇、良乡镇层级稍高，二者皆位于县城所在地。城关镇每旬四个集，逢一北街，逢四西街，逢七东街，逢九南街。运煤之驼队多在北关打店，西关外设有煤厂，城内商号众多，交易以粮为大宗。良乡乃历代方物入贡，饷车转运之地，自古繁华，集镇每旬一、三、六、八为集日，以粮为交易大宗。其他集镇皆为乡村贸易中心，且各有特色。石梯镇、坨里镇、南窖、周口店镇、大灰厂镇以煤业、灰业为特色；琉璃河镇、窦店镇、交道镇以水路运输为特色；石窝镇以石制品为特色；张坊镇以果木、药材为特色；河北镇以石板为特色；长沟镇以粮菜交易为大宗。

基层市场带动了周边村落非农经济的发展，各村依资源、环境和村落传统，形成了各具特色的村落副业。在靠近煤窑或运煤驮道的村落，驮卖煤成为农耕之外的重要营生。农闲之时，一些养牲口的家户，赶着驴子、骡、马或是拉着骆驼去煤窑驮煤，有的单干驮脚，也有的做中短途贩运；临近集市的村民，挑担或是推小车做买卖，为乡民日用所需提供便利；房山一带盛产荆条，村民们用荆条编成筐、篓、篮、筛，拿到集市售卖，形成了以编织为特色的手艺村庄。

（一）北甘池村的驮煤业

房山的驮道纵横伸展，但多是沟谷小道，当时主要的驮运山路有通往县境之外的河套沟、佛门沟、拒马河沟，以及县境之内的大安山山阳以及大房山南、北、东三面诸沟。[①] 平原村落主要位于房山东部和南部，为就近驮煤，当天能够往返，多取自大房山东向和南向的驮道，东向的驮道以各村为起点，至坨里，经漫水河入山，沿大石河河谷至磁家务、河北、陈家台、班各庄、黑龙关、佛子庄、红煤厂，可达南北窖、英水、杏园和大安山等矿区。南向驮道支路较多，韩村河一带驮煤的主要线路为自曹章到西南章、东南章、西营、小次洛、大次洛、南韩继、新街、新庄、周口店；长沟一带驮煤的主道为自甘池到罗家峪、孤山口、坝寨子、拴马庄、黄山店、黄岩寺、下寺、葫芦棚，还可以越大岭至南窖。

驮煤点主要集中在大房山南北麓的周口店、长沟峪、南北窖和英水一带，这些矿区的煤窑多，出煤量大。东向驮道的坨里和南向驮道的周口店、琉璃河为煤炭运销的重要集散地，民国年间仅坨里镇的煤业商号就达二十多家，每天往返的驮运牲畜有几千头，驮运出山的煤经由京汉铁路坨里支线运往良乡和北京。周口店至琉璃河铁路支线修成后，两镇驮运业更渐兴旺，尤其是琉璃河，成为水路两运码头，房山的煤迤逦经水路，销往白洋淀、天津等地，不少驮户受雇于琉璃河的煤栈。

北甘池村位于长沟镇西北，因靠近煤产区，新中国成立前村民多以驮煤为副业。驮煤是辛苦活儿，尤其是冬三月，要起得很早，还要忍受刺骨的寒风。房山人称起早为“起五更”。一般的家户没有钟表，只能看天上“三星”的方向大致确定时间，老话说“三星正南，家家过年”，冬季三星在正南方时差不多是夜里 12 点，许多驮煤人在这个时间出发驮煤。夜里驮煤容易遇到狼，但狼怕人群，所以一个村里的人往往会结伴驮煤。出发前将牲口喂饱，在料抽子里装好草料，自己也带上一些干粮，装在羊肚抽子里。约定的时间一到，村里便会有人高喊“哎—扣—鞍”，驮煤人一听便知道要出发了。喊“扣鞍”有讲究，一般“扣”字托得很长，“鞍”字则说得很轻，几乎是轻轻带过，喊得时候还不能叫人的名字，因为忌讳夜里喊人名。

牲口有夜眼，走过一回就认识路，所以有经验的驮煤人不用担心走错路，他们骑上牲口，睡上一觉就到了煤窑。深冬季节不敢睡觉，天气太冷，走路反而可以帮助御寒。走了一宿的夜路，第二天早上才到窑上，趁

① 廖飞鹏、马庆澜：《民国房山县志》，民国十七年。

着排队等着装煤的功夫，大家便把干粮拿出来吃，干粮多是窝窝头、烤白薯，好一点的有小米饭和老咸菜。在寒风中走了一宿的夜路，干粮早已冻得梆梆硬，吃之前放在窑台的大火上烤一烤，有时外面都烤焦了，里面还是冰冷的。人多时到中午甚至是晚上才能装上煤，有的驮煤人着急，便偷偷塞给窑上掌堆的一些茶叶或烟，这样可以插队，早些装上煤，称煤时也可以少算些分量。

装煤时需要两个人合作，一人拿着口袋，一人往里面装煤。不同的牲口驮子负重不一样，一头驴驮子可以驮一二百斤，骡马驮子能驮二三百斤，骆驼驮子则可以驮五六百斤。煤口袋装上煤后，用绳子封好口，再把它搭在鞍子上或是骆驼屉上，行话叫“镐驮”，一般都是两三个人一起镐驮。骆驼高大，镐驮前先让它卧下，骆驼很温顺，听到主人喝令“嘶嘶”便会卧下，几个骆驼把儿们一起先把一条煤口袋搭在骆驼屉上，然后交叉着搭上另一条煤口袋，这两条煤口袋重量不一样，轻的在下面，重的在上面，分别叫作“下条”和“上条”，耷下来的煤口袋的两头要紧靠着牲口的身子，这样骆驼走道时会比较稳妥，骆驼屉上的煤口袋也容易保持平衡，不会轻易掉下来。搭好煤口袋后，主人再喝令“湫湫”，骆驼便直起身来。镐驮后煤口袋的嘴子必须朝后，底儿必须朝前，要是放反了，会被同行笑话，认为是不懂驮煤的规矩。

牲口驮上了煤，人则赶着牲口在地下走。为了多挣钱，有的驮煤人自己再背上一个几十斤的煤口袋。驮道艰难，去的时候不好走，回来的时候驮着东西更难走。从窑上出来，一路都是弯弯曲曲的山道，窄处只有一米多宽，旁边便是深谷，一不小心就会掉下去。葫芦棚东边的一段路面还有多年的蹄窝，即便是常于走山道的驴子，走在上面也打滑，牲口把儿们都是小心翼翼，一点一点地向前行进着。黄山店附近有一段山路坡度很大，曲折拐弯，走的时候得揪着驴尾巴走，所以这一段路又叫“揪尾巴坡”。村民 FHZ 在新中国成立前上黄山店驮过煤，他回忆当时的情景说：

> 过了天开村，就到了山根儿（就是现在天开水库副坝的北端），这山名叫“坝寨子”。上面有一条弯弯曲曲的羊肠小道，驮煤人都得从这条小道爬过去，然后进入拴马庄村南的大河沟（没水，只是干河滩），这就算是驮煤走的大道了。顺河沟往里走十几里就是黄山店村。再往里走约十里，就到了北大岭的山根儿，这地方叫“里口

> 子”，从这到山顶有一条约十五里弯曲起伏的小道，坡度挺大，好些地方是用河滩石砌的，光滑得很，走在上面是深一脚、浅一脚的，在漆黑的夜里，尽管百倍小心，但还是免不了栽“前马趴”，往上爬时，人都拽着驴尾巴。上去时是驴脑袋朝天，下来时是驴尾巴朝天。过了下寺、上寺、葫芦棚等小村，总算到了顶峰的山口子，这时一股凛冽的山风袭来，刮得脸如刀削一般疼痛。
>
> 过了山口子，就是一条一米多宽仍是弯弯曲曲的石头路，大约三里，这段路右边是峭壁，左边是望不到底的悬崖，如果不小心掉下去，连尸体都难以找到，所以行走时都靠右边，谁也不敢靠左边走，驮煤人管这段路叫“栈道”。有一次，不知是哪村一个驮煤的毛驴被一个骡子给挤下了悬崖，结果这头毛驴的尸体都没有找到，那毛驴主儿大哭了一场。

房山一带称赶牲口的人为“牲口把儿”，牲口把儿们一般都很爱惜自己的牲口，不会让它们太累，那些累得走不动“趴蛋”了的牲口很少。到了出山口，牲口把儿们会歇一阵，他们将煤口袋从牲口身上卸下来，给牲口饮水喂草料。过去，长沟西甘池村的人经常去黄山店驮煤，回来时多在里口子休息，里口子是一个出山口，过了这里便是平道。附近村民在这里支摊卖高汤，其他村的驮煤人也经常在这停歇，里口子变成驮煤道上的一个“驿站”。在寒冷的冬天里，驮煤人在此喝上一碗热腾腾的高汤，歇息片刻，也算是艰难驮道上的一种享受。琉璃河白庄村的ZN回忆说，白庄附近的刘井和段井这两个自然村算是驮道上的“茶水驿站”，村民们用辘轳从井里把水打上来，倒在水槽或水梢里，专门为来往的牲口驮子饮水，这两个村的村名也因此而来。

出了山口便是平道，过去平原村落之间的大沟便是大道，由于来往的车马、牲口驮子很多，所以晴天时坑里是尘土飞扬，到雨天时又是积流成河，算是印证了房山人的一句老话，“百年的媳妇熬成婆，百年的老道走成河”。这老道年头多了，越走越深，最深的地方有几人深，上宽下窄，走在里面都看不见太阳。走到窄的地方，还得“喊道”。对面如果有重车过来，就过不去了，牲口驮子得找个宽敞地方等着，让重车先过去，一般有专门喊道的人，为避免撞车，老远就开始喊，让道的规矩是空驮、空车先让重车过去。为了解乏，这一路上把儿们也说些笑话，斗斗嘴，有时唱唱小曲，如果是三四个人在一起，还可以要钱，当地人叫“端宝”，驮煤辛苦，把儿们就自己给自己找点乐子。

一些牲口把儿专门给煤栈驮脚，驮出的煤再经由铁路或水运销往外地，也有的牲口把儿驮回煤后自己卖，近则在五里乡村串街走户，一般都是由各户预先订好煤的数量，把儿们再去煤窑驮回来给他们送去。冬天的煤比较好卖，因为普通的家户都需要用煤来取暖做饭；远则驮到涿州、涞水等地，这些地方不产煤，当地的饭铺、澡堂还有普通的家户都需要买煤。牲口把儿们一路吆喝着“倒煤烧哎——”，有的时候，转了半天还是没有将煤卖出去，这时候最受累的是牲口，它得驮着煤口袋，实在没有办法，便找“煤狗子”帮忙找买主。从驮煤到卖煤，前前后后大约花两天一夜的时间，牲口把儿们在驮道上“顶星去，顶星回”，可能就只挣十几斤煤的钱或是两斗玉米。

（二）太和庄村的贩运业

太和庄村离长沟集镇仅 1 里地，属于近镇村落。新中国成立前有民谚“太和庄的小车一大帮”，因土地较少，生活穷困，太和庄村民利用靠近集镇的便利，多以推小车贩运、做小买卖为业。

早期的小推车“撞倒山”为木制独轮，因能承载好几百公斤的重物，被形象地称为“撞倒山”。“撞倒山”的构造和现在的独轮小推车大致类似，但没有中间的车斗，只在车轴两端装有支架，竖起来的支架叫“竖称”，横着的叫“横称”，横称两侧可以装物，车后部有两条车把和两根木支腿，车放下时，前面一个车轮与后面两支腿形成了三角形的支撑，较为稳固，车把上拴有绊带，推车时把绊带挎在肩颈上，方便使劲。“撞倒山”一般能推六七百斤的重物，车身大的，甚至能推一千斤。

“撞倒山”车身笨重，又是独轮，推时不容易保持平衡，所以比较适合走平路。一般的人力气小推不了“撞倒山”，据老人们回忆，过去的“撞倒山”仅车身就有一百多斤，再加上装载的货物，至少都有好几百斤重，只有身强力壮的人才推得动。遇到上坡下坡时，旁边还需有人帮着推，俗称“把摽”。推大分量的货物时，还在车的前面系上绳子，由一人在前面拉着，后面的人两手扶着车把，脖子上套着绊带用力往前推。用“撞倒山”做中长途运输时，一般都是两个人合推一辆“撞倒山”。推“撞倒山”比役使牲口方便，所以那些不养牲口的人家，买“撞倒山”的多，过去有专门制作“撞倒山”的小车铺，村里的木匠有些也会做。太和庄村人主要用“撞到山”贩运煤、石灰、粮食等，一般都在房山境内，有时也去北京、天津。

到新中国成立前夕，胶轮小推车逐渐变多了，虽然承载量没有“撞倒山”大，但使用起来却比“撞倒山”轻便，一些人开始用胶轮小推车做买卖。一般多从附近集市取货。涿州菜园子多，早市上的菜比房山和良乡便宜，他们起五更上涿州早市上趸白菜、小葱、韭菜等，再拿一杆秤，串乡叫卖，边走边吆喝：“小葱咧——”，“韭菜咧——”。还得带上点清水，不时地往菜上撒点，使菜看起来新鲜好卖。房山山边的村落枣树多，他们推着小车上这些村收枣，然后到集市卖。过去的集多，不仅镇上有集，一些大的乡村也有集，有的是单双集，有的每旬四集、三集或两集，相邻村镇集期都是错开的，如果没有其他农活，他们每天都可以赶集。做买卖脑瓜子要灵活，各个集市的行情须及时了解，上集市转一圈，知道东西的贵贱，然后决定该去哪里趸货卖货。

卖什么货物也随行就市。阴历三月份，正是卖香椿之时，再迟些日子香椿便老了，卖不出好价钱。上方山的香椿下来得早，他们去那里掰香椿，掰完后用马莲叶或尖子草绑成一捆捆的，再串乡或上集去卖。夏天瓜果李桃下来了，他们从村里或集上趸一些，再拿到别处卖。为了把价钱卖高些，他们上北京城里去卖，多去广安门、天桥、珠市口等地，这些地方人多热闹，东西好卖。大秋柿子卖得多，张坊的柿子好吃又有名，黄院也有柿子沟。中秋节后，他们便去这些地方买青柿子，买回来后自己在家漤好。先将柿子放入大缸里浸泡，然后在缸四周点上秸秆，给柿子加温，柿子不涩，就算是漤好了。天还没亮，他们便挑着百把来斤的柿子摸黑往北京城走，到城里后再串胡同卖，也有人直接把柿子卖给城里的果行，省得自己再沿街叫卖。

花生仁一年四季都能卖。自家种的花生自然不够卖，还得上周围的乡村买一些回来，买回来后自己加工，全家老少都帮着剥花生，剥下的花生仁用黄土炒，这样花生仁受热均匀，不会炒煳，再赶紧用筛子筛，要是筛晚了，炒热的黄土便会把筛子烧煳，因为那时用的是竹板筛子，若是现在的铁筛子就没有这问题了。五香味的花生仁卖得最好，尤其是热闹的庙会上，大人小孩都可以买着当零食吃，也可以带回家做下酒菜。

（三）七贤村的编篮业

上文已提到房山的一句顺口溜：“七贤篮子，沿村的筐”，这是房山两个有名的手工编织专业村。七贤村位于房山区韩村河镇西南，南与涿州市东仙坡镇北务村相邻，关于七贤村村名的来历，有两种说法：一说山西的七户人家移居至此，团结友爱，贤德闻名，被人赞誉为“七贤”，村名源此；另一说是村中曾出现过七位贤惠的妇女，她们孝敬公婆、尊敬长辈、勤劳善良，“七贤村”因此而得名。

七贤村编篮子至少有四代人的历史。今年92岁的ZGR老人，娘家和婆家都在七贤村，她回忆说她们家从她奶奶这辈就开始编篮子，那时，村里除了少数富裕的人家外，其他的户几乎全编篮子。六七岁时，她开始学编篮子，先是干拧经、戳条子等简单的活，慢慢地再学着打底、打四梢、编腔、锁口、插楔儿，十来岁时差不多会编整个的篮子。等到她成了家有了孩子，孩子们也帮着她一起编篮子，算起来她们家四代人都编过篮子。

编篮子的材料主要是横条，俗称条子，也有用荆条和柳条编的，但荆条太硬不容易破开，柳条编的篮子看起来干净好看但不结实，编篮子用横条最合适。横条主要生长在山坡的向阴面，七贤属于平原村落，村里不产横条，要打横条得上山区，房山的上下中院、圣水峪、长沟峪、黄山店、河套沟一带都有横条，但数量不多。初学打横条的人不知哪里有横条，漫山遍野地找，找不着就只有瞎撞，有时转了一天都打不了一二十斤；经常打横条的人有经验，上了山基本就知道哪里有横条哪里没有，那些横条多的地方的小地名以及行走的路线，他们都熟记在心，顺利的话，用不了一两个钟头，就能打上百八十斤。

涞水、易县和涞源也盛产横条，涞源的横条最好，皮薄瓤厚，一根横条能劈成好多瓣，可以多编篮子，新中国成立前不少村民上涞源那边打横条。涞源的横条长得粗壮，有一人多高，割横条时，上头太细的那一截和底下太粗的那一截都不要，一般像筷子那么粗的横条最好，编起来方便，也不浪费。为了好使条子破开，用镰刀割时，刀口要斜着点。那时车极少，割横条的人多是走到涞源，割好了再背回来。后来有了小推车，才稍微轻松一些，但从七贤到涞源有四百多里地，一去一回也得一个星期。新中国成立后，多是骑自行车去割横条，再后来汽车多了，如果大批量地买横条，一般都不自己打，而是直接从当地人那里买，再使车拉回来，往往一拉就是好几千斤。也有山里的人上村里卖条子的，像附近的孤山口、圣水峪等村，经常有人上七贤村卖条子。

打横条有季节性。春天打芽条，芽要出又没出时打最好，芽长出来就不好了；去暑节后打伏条，这时横条还未长杈，捋下叶子后，条子非常光滑，编篮子时不用磕杈，伏条要捋下叶子，所以也被称为“捋叶条”；立秋后打的条子叫“秋板条”，秋板条生长时间长，里面的瓤硬而饱满，如果用手摁一般都摁不动。秋板条比芽条和伏条都要结实，是编篮子的最好材料。秋板条打得最多，等忙完地里的活，收大秋了，村里人就开始上山打秋板条。

打回来的芽条和伏条较湿，需晾晒一段时间后，变柔软了才能使用。秋板条较干，容易折，打回来后要放在水里浸泡。村民们便把条子打成捆后，搁在村西的牤牛河里泡，为防止条子被水冲走，还插上木橛子使它固定住。也有的放在村里的大坑里泡，雨水多时大坑里有积水，正好泡条子，还有用大缸泡的。至少得泡上一天一宿，把横条弯成弯后如果不折，就算是泡好了。编篮子看似简单，工序却不少。大致有十道工序，依次如下：

选条子 根据长短粗细给条子分类，粗的做经，细的做戳条子（戳开的条子），做经的和做戳条子的分开码放，以方便拿取。

磕杈 秋板条有杈，必须用小刀把杈磕掉，使条子变得光滑，这样编出的篮子才不会毛糙。

拧经 通过拧的方法将条子破开。拧经的工具叫拧棒，是一根拴有绳子的小木棍。在条子的上端劈一个小口，把拧棒的绳子缠在上面，然后用脚踩住条子的下端，一只手捏紧条子，另一只手拿着拧棒开始绕弯，拧棒绕弯的同时，条子逐渐被拧紧，并顺开口的方向慢慢裂开，拧到条子底端时，条子便完全破开了。将破开后的条子放在一块鹅卵石上，用脚踩住一头，然后用一根木棍从上往下一勒，条子里面的瓤就会被勒掉，破开后的条子主要用来铺经。

戳条 用戳子将条子劈开。戳子多用牛角或枣木做成，圆锥形，尖的一头有三个沟。一般先劈成三瓣，粗的每一瓣还可再劈成三片。外面一片是条子皮，是黄色；中间一片叫皮溜，最里面一片叫皮溜瓤子，皮溜和皮溜瓤子都是白色。

打底 在地上搁上一块光滑的鹅卵石，把破开的经条铺在石头上，按米字形依次摆开，经条的数量依篮子的大小而定，一般铺七对、八对或九对经。再用皮溜一圈圈地从中间往外编，编时从一根经的上面绕下去，再从紧挨着的另一根经的下面绕上来，这样一上一下来回地绕，一般绕两指宽左右，就算打好底了。

打四梢　打完底后，用四根皮溜做篮子的底沿，称为“打四梢”，也有用三根皮溜做沿底，称为“打三梢”。把四根皮溜依次错开叠在一起，再围着篮底最边上的那根经条绕成圈，因为是四根叠加起来的，所以绕成的圈有一定高度，既可以形成底沿，又可以很好地管住往上蹶起的经条。

编腔　编腔用戳条子，条子皮、皮溜和皮溜瓤都可以编，如果用条子皮编，一般皮子朝外。和打底一样，用戳条子顺着竖起来的经条来回地绕，一根戳条子绕完后，再续一根接着绕，用来编腔的戳条子必须差不多粗，编成篮腔后，才会看起来整齐而美观。

编花腰　花腰的编法和篮腔一样，不同的是编花腰时用皮溜瓤子编，从外面看，编上的花腰是白色，篮腔其他部位则是黄色，所以看起来像是编了一道道花纹。花腰的位置讲究“上三下七”，花腰上面大致留三指宽的位置，下面大致留七指宽的位置。

锁口　编完腔后，再用槽锥给篮子锁口。槽锥是铁制的，中间有一道沟，一头是尖的，另一头有圆钩，把经条穿在槽锥上，拧紧后绕成篮子的口沿。

插楔儿　篮子得有楔儿才能拎得起来。把四根差不多长的整条子并在一起，弯成弯后，两头插入篮腔，一直插到花腰，再在这四根整条子上缠上两根经条，以使篮楔儿更结实，不至于折断。

编的过程中有许多技巧。戳条子时用力的方向和大小要合适，会戳的人轻轻地把戳子往下推，就能将一个整条子均匀地戳成三瓣，不会戳的人，即使费很大劲戳子还推不下去，有时还没推到底，条子就从中间折了。打底和编腔时，得用力把条子摁紧，条子和条子之间也要紧挨着，编出的篮子才会紧密结实。一般都是成套地编，一个挽篮和一个半大篮为一套，半大篮比挽篮稍小，刚好可以套在挽篮里。妇女用篮子的时候多，上地里摘豆角、打野菜或是赶集上庙、串亲戚都喜欢挎着篮子。在家里，篮子多用来盛食物，什么炸的豆腐、做的疙瘩、蒸好的馒头、年糕都可以搁在里面，还不串味，把篮子挂在高处，老鼠也偷吃不了。大秋要在房顶晒棒子，人们便把挽篮当作运输工具，用扁担钩钩住它，一篮篮地把棒子拎到房顶。附近的冯村、夹河一带还用篮子蓄小泥鳅，在篮里搁上一块肉做饵，然后盖上锅拍子，过不了多久，小泥鳅便全往篮腔的小缝里钻。还有一种像拳头那么大的小篮，叫“拳头篮”，编给小孩玩的，耩地时也可以用它点花生、点豆。

篮子编好了，村民们便拿到集上卖。七贤村临近有名的长沟大集，每到集期，方圆百里的人都来赶集，摩肩接踵，好不热闹，所以七贤人常去长沟集上卖篮子，也去附近的琉璃河、仙坡、冯村等集市。庙会也是七贤人常去的地方，新中国成立前无极屯庙会非常热闹，一到庙会的正日子三月十五，妇女们便背着十多个篮子，早早地赶庙会去了，庙会上买篮子的人多，往往不到半天便都卖完了。没有集时就串乡卖篮子，有用扁担挑的，也有拿自行车带的。几十个篮子如何整齐地捆好放在自行车的后座上，是很需要[illegible]绳技巧的。走村串乡时，卖篮子的七贤人喜欢这样吆喝着：“买大小篮使去哎——”，音调非常好听，正在田间地头或是屋里忙碌的人听到后，有的会暂时搁下手里的活儿，看看卖的篮子，需要的话再买上一两个。七贤的篮子比较好卖，一来是因为七贤人编的篮子早已名声在外；二来周边的村落基本没有编篮子的。七贤人还喜欢去北京城卖篮子，据老人们回忆，过去只要是七贤人卖篮子，过卢沟桥时不用交税，至于什么原因，老人们也说不清楚。

也有村里的大户提供条子，雇村里的人编，等编好了再收上去，然后用大车运往涞水、易县等地，那里专门有人收购篮子。新中国成立前受雇编篮子的人，一天大概能挣 8 个大子儿；20 世纪 50 年代，一个挽篮大约卖 3 毛钱；到 2000 年左右，一个挽篮大概能卖 3 元钱。

编篮子是全家人的活儿，家里老老少少都帮着编，老人和妇女在家待的时间长，编得最多，打底、编腔、锁口基本由她们做，村里编篮子的能手也多是妇女，她们编得既快又好，一天能编四五套大小篮，如果是拳头篮，一天还能编一二十个。男人们在外面干活回来，也帮着做些插楔儿的活，过去小孩上学的少，他们没什么事就在家里帮着干些拧经、戳条子之类的简单活儿，即便是上了学的小孩，放学后也要帮着家里人先干些编篮子的活儿，然后才能出去玩。编篮子的手艺不用大人们刻意教，孩子们打小就看熟了，也编熟了。年轻的媳妇，娘家是当村的自是不必说，如果是外村嫁过来的，进门后跟着婆婆、小姑子或是左邻右舍学学就会了。

也有聘到外村的姑奶奶，将编篮子的手艺带出去教给别人，但在房山一带，编篮子似乎成了七贤人的专利，其他村编篮子的极少。编篮子是七贤村的荣耀，但更多的是为生计而奔波的一份辛劳。对于七贤村人而言，编篮子既是祖辈传下的技艺，更是他们的饭辙，许多人家就靠着编篮子，挣钱买油盐酱醋，或是拿篮子换些粮食吃。

“小四清”那阵，说是割资本主义尾巴，不让编篮子卖，但村民们都舍不得浪费了这门手艺，白天在生产队干活，晚上还偷偷地在家里编篮子，没有条子，便推着小车起五更去涞水、易县打条子，再趁黑偷偷地回来，还不敢搭伴去，怕动静太大被生产队发现。一旦被发现，不仅打的条子会被扣下来，还会被罚款和扣工分，等编好了篮子再偷偷上集上卖，就为挣几个零花钱。改革开放后，倒是没有人管，但编篮子的人却越来越少，编篮子费事，弄得家里到处是皮溜、瓤儿什么的，看起来不干净，而且现在人们都用塑料袋，篮子不好卖了，卖出去也挣不了多少钱，村民们都想着其他的法子挣钱，跑跑运输、在外面打打工，都比编篮子赚钱。前几年，村里还有几户人家编篮子卖，到现在一户都没有了，恐怕只有很少的老人，闲着没事会编一两个，但不用来卖，只是家用或送给亲戚。

如今，一些村民赶易县马头的西山奶奶庙会时，偶尔还能看到卖篮子的，是否是当年聘到易县的姑奶奶们传下了这门手艺，不得而知，但七贤人看到这些篮子，觉得非常亲切，因为篮子联结了他们过往的贫苦岁月，联结了几代人的童年生活。

不同村落为何会形成非农生计的差异和特色，或许应历史地来考察。一个村落的部分村民最初选择某种生计方式与村落自身的自然环境、生态条件密切相关，但这种部分人选择的生计最后发展成村落共有的生计传统，却不一定完全依赖物质的因素，或者说不完全依赖实践理性。“人的独特本性在于，他必须生活在物质世界中，生活在他与所有有机体共享的环境中，但却是根据由他自己设定的意义图式来生活的——这是人类独一无二的能力。因此，这样看来，文化的决定属性——赋予每种生活方式作为它的特征的某些属性——并不在于，这种文化要无条件地拜伏在物质制约力面前，它是根据一定的象征图式才服从于物质制约力的，这种象征图式从来不是唯一可能的。因而，是文化构造了功利。”① 村落生活的文化

① ［美］马歇尔·萨林斯：《文化与实践理性》，赵丙祥译，上海人民出版社2002年版，第2页。

图式包含了村民行为选择的趋同性，这种趋同性来源于并强化了生活共同体内部成员间的亲和与内聚。村民在生计方式选择上的趋同性促使了村落共有生计传统的形成，这种传统一旦形成，便成为村民行为选择的一种惯习，这种惯习既是村民个人的也是村落整体的，“属于同一个群体的许多人的惯习具有结构上的亲和，无须借助任何集体性的‘意图’或是自觉意识，更不用说（相互勾结的）‘图谋’了，便能产生出客观上步调一致、方向统一的实践活动来”①。

不同村落在非农生计选择上有着自己的特色。这种村落边界并未引起学者的过多重视，甚至习以为常。但是，这恰恰体现了中国基层社会结构对农民生计的影响。一个村落的村民为何倾向于选择相同的生计模式，与村落共同体的意识和规范不无关系。

二　集市交易中的村落共同体意识

（一）合作与回避竞争

长沟集是沿村荆筐销售的主要市场，集市上专有筐市，为沿村人卖筐和七贤村人卖篮子专用。据说过去也有外地人来此卖筐，但遭到沿村人挤兑，后来便不敢来。对于市场垄断，沿村人不置可否，他们解释说，这很正常，长沟集上卖肉的全是太和庄村人，趸货的全是东西长沟两村的人，沿村和七贤村是距离集市最近的两个编织业村庄，自然占优势。长沟筐市约有百米长，每到集期，沿村二三十号人集中在此卖筐，荆筐种类齐全，做工精良，的确为外乡人难以企及，自然不愿来此和沿村人竞争。沿村人所赶其他集市则无此垄断市场现象。

沿村人去远地卖筐时一般会搭伴，以互相照应。路不平时，推一车荆筐需要有人帮扶着才能过去。集市上临时有事，可以请同伴帮忙看摊。关系好的甚至互相帮助卖筐，遇到困难的事情互相帮助。沿村历史上曾隶属涿州，村民经常去涿州卖筐。有一次，几个人搭伴去涿州城里卖筐，当地人嫌沿村人占了他们的地盘，不让他们卖，争执之下他们便去找王兰亭的

① ［法］皮埃尔·布迪厄：《实践与发思》，李猛、李康译，中央编译出版社1998年版，第84页。

母亲求助。王兰亭是沿村人，当时任房、良、涿三县日本宪兵特务队队长，在涿州一带很有势力。王老太太自然是维护老乡亲，她告诉集市上管事的人说："你们给我听着，只要是卖筐的，都是我们沿村人，你们谁也不许欺负。"自此以后，沿村人在涿州卖筐，再也没人敢欺负。沿村人自己开玩笑，横着走都没事。王兰亭因投靠日本人残害八路军，后来被枪毙，但王老太太维护编筐老乡亲们的事，沿村人依然记在心里。沿村还有一名人叫王士昌，国民党统治时期在丰台警察局工作，也特别维护老乡亲。过去沿村人去北京卖筐，经过丰台，有什么困难的事都愿意找他，他也乐意帮忙。

同行是冤家，沿村人卖筐同样也存在竞争，有时候也有闹矛盾的时候。比如在集市上抢摊位，或是故意低价出售，以挤对别人。不过据沿村人自己说，这种情况很少，一般的人还是会顾忌老乡亲的情面。在筐市上，沿村人成为竞争者，但是在村落生活中，沿村人却处处生活在共同体的习俗规范中，见面打招呼，串门聊天，婚丧嫁娶互相送礼帮忙，天旱一起求雨，初一互相拜年，一起参加山神会。日常生活中的人情交往和共同行动不断生成和强化共同体意识，减少了因卖筐而产生的竞争和矛盾。

沿村人卖筐从老辈儿那里传下来一个不成文的规矩：回避竞争。竞争难免，但可以人为地不造成竞争局面。回避竞争的方式之一是尽量不在一起卖筐。一般去近处卖筐和串乡卖筐不会搭伴，以避免竞争。沿村人串乡卖筐几乎都有自己的行走路线，加上出门时间也不一样，一般较少碰到一起。即便碰到，也会故意回避，打个招呼后各自分开。SZQ 经常串乡卖筐，他向笔者讲述了一段经历：

> 有一次我串乡卖筐，在一个村里，一大群妇女正围着我砍价，那卖筐和买筐的也都是俩心眼呗，我们村一卖筐的老乡亲，不知从哪里一下骑着自行车来到我跟前，撂下筐也在我旁边卖起来。我那天手头上的筐都是用旧筐锔编的，他的筐用的是新筐锔，刮得挺干净。那些砍价的妇女一下都跑到他跟前去了。我心想哪里不能卖筐，一气之下骑上洋车走了。后来我在村里碰到他，说了他一回。我说："你也岁数不小了，我在那卖筐，你跑过去，你说是买你的还是买我的呀。要不是看一个村的，我可不依你。BSY 那老爷子多好，有一回串乡碰到我，刚打一照面，就不见他了。等我把筐卖完，他才走到我跟前。

我问他怎么眨眼就不见人了，他说，我要是待在你旁边，那别人是买你的筐还是买我的筐？唉，总有人办的那不叫事。

SZQ 的讲述中体现了共同体对成员的约束和规范，尽管也有违反者，但多数成员仍然愿意遵守并期待其他成员也遵守。回避竞争的另一个规矩是别人卖筐时，顾客如果没到自己的摊位上来，不能拉客，也即是不能抢别人的生意。这一点沿村卖筐人尤为注意，如果是外村人跟自己抢生意，他们反而好理解，但如果是本村人，他们一般会很生气，往往因此造成争执。

如果像戒能通孝和福武直那样，参照日本村落共同体的特征来评判沿村的共同体性质，仅从荆编业中的合作状况来看，估计会否定沿村具有共同体性质。荆编生产中有零散小规模合作，而在荆编售卖中几乎没有严格意义上的合作，至多算是互助。更没有出现类似于行业协会的组织，来统一协作，提高在市场的竞争力。现在沿村只剩三个人编筐，在长沟集上卖筐时他们都有意隔得很远，他们自己解释说，各卖各的好一些，扎堆卖，顾客挑来挑去，容易惹矛盾。从他们的表述中，一方面看到他们在遵循共同体的规矩，回避竞争，另一方面也可以看到现在分开卖筐与过去扎堆卖筐的不同，过去村里卖筐的人多，反而竞争意识不强，现在卖筐的人少，筐也没有过去好卖，无形中深深造成了竞争感和危机感。在采访中，笔者了解到实际上沿村人在市场信息的分享上远比不上技艺的共享，一般也不会互相打听这方面的信息，即使打听，多半得不到真实信息。因而在荆编品售卖中，沿村人共同体意识的主要表现即是回避竞争。

如果据此否定沿村人的共同体意识，那便重蹈日本共同体否定论者的覆辙。中国村落的共同体性质带有自己的历史传统和表达形式，回避竞争的规范已将同村之人和陌生的外人分开，这正是共同体意识的流露。如果说在生计选择和荆编技艺传习中，沿村人更多地扮演实体主义小农的角色，那么在荆编品的售卖中则同时兼具实体主义小农和形式主义小农的角色。

（二）集市交往中的村落身份

集市交易带有浓厚的生活气息，买卖双方不一定只谈是生意，有时也互相聊天打趣。还有人逛集不为卖东西，纯粹是闲逛。以下是沿村的一位编筐人和一位逛集的西长沟村民在长沟集市上的一段对话。

1①：今天卖得怎么样？

2②：还行，卖了10多个筐，就剩两个小篮。

1：这是你编的吗？

2：这是我爹编的。

1：我就说嘛你绝对弄不了这个。

2：我要弄上来你输什么啊？

1：输什么？一大嘴巴，一边一个。

2：那我给你。

1：你给我？你捅我一下也不成。

2：怎么不成啊？

1：打赌就是挨揍，谁叫你吹。

2：你现在干什么呢？

1：什么事也不干，待着，好好待着。

2：挣国家钱啊？

1：那俩钱管什么用啊？

2：原来有吗？你还别嫌少。

1：还没领过了，好几千了。你把它处理得了，10元钱一个。

2：处理谁要啊，你帮我处理了得了，我这就是带着卖，主要卖背筐。

1：你这物不美、价不廉就是没人要。这人长什么样，篮子长什么样。

2：你乐死我得了。

1：你招我呗。

2：要不咋叫侃大山呢？你们家人都能说。

1：这篮子得是潮的，干了就容易散。这外行人才要，内行人不要，上沿村卖去准没人要。

2：我瞅你挺有出息的。

---

① 1为西长沟村民。

② 2为沿村编筐人。

1：我狗屁的出息。

2：你没出息你敢待着？

1：穷忍着，富耐着，睡不着眯着。你们村那点事我还不知道，头天晚上把筐子潲上水，它就有型了。

2：过去就这样，老话说“筐子不潲水，两头大撅嘴”。

1：我看就是奸。

2：奸商奸商，要论这奸商哪儿也干不过西长沟，你信吗？

1：对了。

2：你承认吧，你就是西长沟的。

1：我西长沟的，我没做过买卖。

2：你没做买卖，那你就挣大钱。

1：没做过买卖，这下可毁了。

2：你们西长沟人是地头蛇，就是横。

1：横，吃谁的宰谁的呢？西长沟尽挨揍的，要不长沟集咋立不起来啊。

2：你可别自己打自己嘴巴。

1：你们村有编筐编得好的，马上没几个了，有个老头筛筐编得挺好的。

2：你说陈忠啊，闹毛病了，不编了。

1：是吧，我们就吹吧！

2：要不咋叫侃大山啦！

1：晌午了，家走了。

2：有功夫再聊！

集市上聊天免不了说一些村落的事，自然带出谈话者对彼此村落的评价。西长沟这位村民因住在集镇上，对沿村卖筐的事多少知道一些，于是调侃沿村人卖筐潲水的事。沿村编筐人也不甘示弱，马上回击说西长沟人是地头蛇，挺横的。尽管是调侃，但建立在真实的对彼此村落的印象上。西长沟作为集镇上的村，确实有很多地利之便。尤其是新中国成立前长沟集兴盛时，据说牙行、斗行都由他们控制，除了大买卖和外地的一些坐商，在集市上做买卖的多半是他们村的人。集市的卫生费、管理费归他们，难免给周边村落造成了横和奸的印象。过去村落之间免不了有些纠纷，比如两村的小孩打架也可能造成村落间的矛盾，还有两村都属于北泉水河流域村落，涉及稻地灌溉的分水问题，这些问题处理不好可能会加深彼此对对方的负面印象。

“横，吃谁的宰谁的呢？西长沟尽挨揍的，要不长沟集咋立不起来啊。”这是西长沟人的回应，也体现了他对自己村今不如昔的感叹，同时有一份爱村惜村之情。集体化时期，长沟集市被取缔，改革开放后刚恢复时，红火了一阵，北京市里的以及河北省的许多人都上长沟赶集，但之后就逐渐走下坡路。尤其是临近的韩村河立集之后，周边不少村庄都不去长沟赶集，改去韩村河镇。

关于中国基层社会的基本单位，一直存在基层市场共同体与村落共同体之争。施坚雅认为要了解中国社会与文化就应该从乡村的市集着手。一方面是由于村落本身的开放性决定，另一方面是由于村落生活的非自足性决定，村落自身不能构成一个结构完整和功能完备的乡村村民生活单元，构成中国传统乡村社会基本结构单元的应该是基层市场共同体。这个基层市场满足了农民家庭所有的日常贸易需求：家庭自产但不自用的物品通常在那里出售，家庭需用不自产的物品通常在那里购买。基层市场为这个下属区域内生产的商品提供了交易场所，但是更重要的是，它是农产品和工业品向上流动进入市场体系中较高范围的起点，也是供农民消费的输入品向下流动的终点（施坚雅，1964：6）。[①]

另一些学者认为村落共同体是中国社会的基本单元。费孝通认为中国乡土社区的单位是村落，从三家村起可以到几千户的大村。[②] 王庆成也指出，村庄对本村每一个农民的重大关系，几乎是一目了然的。在晚清的华北，差徭、看青、义学甚至保甲等，都是在一个村庄的范围内与农民利害相关的事。集市是农民的基本社区之说还缺少确切的根据。[③] 实际上施坚雅对基层市场共同体的重视并非完全要否定村落存在的意义，在后来对自己的市场体系理论做检省时，他又提出“开”与“闭”的自然村随朝代兴衰而周期变化的模式。

基层市场共同体和村落共同体可能是并存的，在房山基层市场中依然

---

① ［美］施雅坚：《中国农村的市场和社会结构》，史建云等译，中国社会科学出版社 1998 年版，第 6 页。

② 费孝通：《乡土中国　生育制度》，北京大学出版社 1998 年版。

③ 王庆成：《晚清华北的集市和集市圈》，《近代史研究》2004 年第 4 期。

存在非农生计的村落边界，一段平常的长沟集镇上的谈话，自然而又清晰地标示着村落身份。集市中行动的个体并非是原子化的存在，而是自觉不自觉打上了村落烙印。村落共同体的意识和传统可能嵌入基层市场中，基层市场也并不必然成为瓦解共同体的力量。

（三）集镇花会表演中的村落荣耀

日本学者在探讨中国村落的共同体性质时曾注意到“会”的作用，但他们关注的多是村公会或是和信仰有关的宗教会社，没有太多探讨乡村花会。花会是民间社会组织的艺术表演活动，一般在庙会、神诞日或节庆时表演。和宗族、宗教组织不同的是，乡村花会多半以村为单位组织，可能有的村落有好几道会，但仍然以村为单位，所以花会的名字前往往冠以“某某村”。

庙会是花会表演的主要场所，表演前要在会头带领下去寺庙朝顶进香。过去房山大大小小的庙会，都有花会表演，少则十几道，多则几十道甚至上百道，摩肩接踵，热闹非凡。按中国台湾学者林美容的分类，庙会神灵信仰所覆盖村落构成神灵信仰圈，因村民对此神灵的信仰多带有志愿性质。但只要村中有花会，必定要去相关庙里进香，因而又带有义务性质。从某种意义上来说，花会是典型的村级组织，花会表演是否出彩与村落荣耀紧密相关。基层市场不只是发挥商品流通的功能，同时也是作为社会体系的市场结构，集市与婚姻、宗族、会社、庙会、宗教祈祷、社会交往都存在关联。房山的基层市场既是集镇，同时也可能是信仰和文化娱乐中心，是区域性的庙会所在地。以下是民国时期房山、良乡两县部分庙会和集市统计表：

庙会日期地点名称（阴历）①

日期	地点	名称	交易特点
二月初一	黑龙关	龙王庙	小农具、籽种、日常用具
三月初一	顾　册	娘娘庙	经营杈把、扫帚小型农具为主

① 王绍清、侯之杨：《民国时期的房山商业》，载游来柱《房山文史资料全编》，中国人民政治协商会议北京市房山区委员会2003年版，第95页。

续表

日期	地点	名称	交易特点
四月初四	琉璃河	关帝庙	经营杈把、扫帚小型农具为主
四月十五	辛　庄	关帝庙	经营杈把、扫帚小型农具为主
四月二十一	房山城内	药王庙	经营鼠药
五月初一	长　沟	药王庙	经营凉席、草帽、夏布等夏季商品
五月十七	房山城内	城隍庙	经营凉席、草帽、夏布等夏季商品
八月二十八	窦　店	城隍庙	杂粮、花生、枣
九月初一	饶乐府	东岳庙	山里红、大柿子、糖炒栗子
九月初九	石　窝	东岳庙	农产品
九月	良　乡	东岳庙	小型农具
四月二十一	石　村	药王庙	小型农具
三月初八	良　乡	药王庙	小型农具

1．村村有会

清末民初是房山花会兴盛之时，据老人回忆那时长沟镇村村有会，有的村还有好几道会，共有 30 多道花会。成立花会会向大伙儿敛钱或粮食，富裕的人家会多出些。西甘池和南良各庄都有杠箱会。除长沟地区的花会外，还有涿州、天津等地的花会也来赶庙，可谓争奇斗艳、各领风骚。过去人们的生活水平都不高，但走会的兴致却很高，当时还流行这么一句顺口溜："花会高花会好，没有行头披麻包，没有锣鼓敲水筲。"

按惯例杠箱会居于群会之首，走在各会前面。杠箱会会员用大杠子抬着大木箱，模拟抬贡品的场景边走边表演。南甘池有礼佛会。礼佛会以念佛号、念佛经为主，同时负责调节各会之间矛盾纠纷。黄元井、东良各庄、沿村、双磨都有高跷会。文跷扮演头陀、逗儿、万年春、药先生、公子、傚子、渔翁、渔女、樵夫、坐子、俊鼓、丑鼓等角色，边走边唱；武跷则表演各种背、抱、蹲裆走、跳、拉腿、单腿起、拔三至四条板凳、翻跟头等各种功夫。东甘池有炮会和太平鼓会。炮会表演者手拿自制铁杆、铁筒、炮药，沿街边走边点放，太平鼓为有柄的单面鼓，缀有小铁环，击鼓时鼓与环发出有节奏的悦耳响声。表演者边打鼓边跳舞，还有的唱歌。走的时候有各种队形，如单环套、双环套、花篱笆等。旁边还有小丑，多扮演手持马鞭扇彩扇的黄天霸、杨武香。太平鼓的歌词多取材于老百姓的生产生活，富有浓郁的生活气息。

东长沟有坛子会，表演者用坛子做道具表演杂技。据说道具坛子是唐三彩，四周绘有“百子童”图案。小坛子 48 斤，大坛子 72 斤。“坛子会”表演主要有八项内容：“脖穿杠”、苏秦背剑、掏裆入洞、大入洞、耍大缸、耍草帽、耍钱串、耍过口锅等。“脖穿杠”是最精彩的，表演把式用头顶坛子，向上一抛坛沿滚到脖子上，很是惊险。坟庄村有“牛斗虎会”，相传是一位财主为纪念他养的黄牛而创办的。有个放牛娃每日都发现有头老黄牛总是汗淋淋的，留心跟踪发现，老黄牛原来是在山坳与一只老虎搏斗。一来一往，势均力敌，牛虎停战，次日再战。这事让老财主知道后，便在黄牛的角上绑了两把利刃，再战时，凶猛的老虎吃了亏。财主把虎皮挂在了一个木桩上，谁知黄牛一见，又和老虎皮搏斗起来，前攻后顶，煞有看头，于是，老财主便依此创办了“牛斗虎会”。“牛斗虎会”是表演者身披牛、虎皮道具，腾跃翻滚动作伴随锣鼓点进行，既有武术的硬功夫，又有生活中的诙谐，很受人们欢迎。①

此外，房山有名的花会还有南关杠箱会、北市炮会、顾册吵子会、银音会、周口村少林会；支楼银音会、牛斗虎会；黄山店大鼓会、大次洛叉子会；芦村叉子会、少林会；苏村小车会；孤山口旱船会；瓦井、辛街、坨头、河北、长沟峪高跷会；北街铜锣会，天开太平鼓会，南窖中幡会；等等。

2. 舍命救会

花会的出名不只是因为其高超精湛的演技，也因表演者舍命救会的精神。北甘池村的“叉会”，不仅在长沟出名，在涿州一带很有名气，因为出了个“飞叉”王五。据说，有一年去涿州走会，开场时有些冷清，会首赶紧让人表演“万佛朝圣”，这一表演马上博得满堂喝彩，人们都往北甘池叉会的场子拥，等到王五上场时，只见他手里的“九环叮当叉”如飞一般翻滚，一下子把旁边场子的人都吸引过来。附近的花会队伍也不甘示弱，纷纷拿出自己的绝活吸引人群，只见人们在几个场子之间来回跑，王五一瞧这场面，一下走了神，只见钢叉脱手而出，飞向台下，王五惊出

---

① 游子良：《京畿古镇长沟（续集）》，《长沟花会》，北京燕山出版社 2007 年版，第 184—191 页。

了冷汗，如果钢叉飞入人群，不死即伤。说时迟，那时快，王五急了，纵身一跃，两脚点着人群的头随叉飞下了台子。台下的人看呆了，别的台子喝起了倒彩。在这千钧一发之际，飞身跃起的王五伸手抓住了正要落入人群的叉把尾端。就在人们惊呼之际，王五抓住钢叉，随即一个“鹞子翻身”缓解了冲力，稳稳地站在了人群中间。这抢险救场的一幕，成了绝技表演，随之全场雷动。从此北甘池叉会在涿州出名了。知道内情的人都佩服王五舍己救人的义胆，不知道内情的还以为他在表演惊世绝技。据说那时候的盗贼都不敢劫北甘池的人。不管你带多少钱，只要一说是北甘池的，便平安无事。[①]

沿村的高跷会是新中国成立以后组建的，据说在清朝时沿村有少林会，在涿州鼎鼎有名。据村里老人讲，有一年去涿州北关娘娘庙进香，会里的主角闹情绪不愿意去，会头和大伙儿怎么劝他都不去。别人都出发了，他却一个人跑到山里割荆条，刚进山不久，突然碰到一只猛虎，他吓得不敢动弹，还好猛虎自己又走了。他心想，这是娘娘在警告他。他赶紧扔下扁担，一路往涿州跑，到大石桥一看，整个桥面被各地来的花会挤得水泄不通，沿村少林会也在桥头等着。他找到会头，说要表演。会头和大伙儿都不搭理他，他急了，给会头跪下。会头跟他说：“你瞧这人这么多，能过去吗？你来也是白来。”他看了看桥面，自告奋勇地说：“我从栏杆上打道过去。”大伙儿都不信，说这不是找死吗？大石桥长 500 多米，栏杆又那么高，要是摔下来怎么办。他也不听，找到礼佛会，礼佛会会头说这不行，人命关天，须有官面。于是又把州官请来了，这州官听说这件事后，很是好奇，便亲自过来观看。三方约好，如果他能打道打到桥那头，沿村少林会就可以第一个进香，如果出了事，都是他自己一个人的责任。会里的人都认为他疯了，这将功赎罪也有点过了，不至于要把自己的命搭上吧。但他心意已决，顺手从会里拿了一大块闸板，一下子跳到桥栏杆上，其实他自己也没底，也不知从哪来一股劲儿，他还真的翻到了桥那头。落地那一刻，他自己都惊魂未定，心想一定是娘娘在保佑他。连州官都赞叹称奇，说一个小村子还有这般能人。那一次，沿村的少林会可真是风光无比，这一百多道花会，沿村居首。

---

① 游子良：《京畿古镇长沟（续集）》，北京燕山出版社 2007 年版，第 278—280 页。

第七章　结论

一　乡村手工业与村落共同体

（一）荆编业与村落内聚

沿村荆编业中并无大规模的集体行动，即便是存在合作与互助，也相对零散，但并不能因此否认沿村荆编业中体现的村落共同体意识。在沿村文化网络中，荆编业如同村落标志性文化，勾连村民对山的敬仰和依赖，从而形成独特的平原村落祭拜山神的习俗；荆编手艺的村内传习带来了非农生计的村落边界，强化了村落内聚；荆编业不仅是技术和经济行为，同时也是村落内部宗亲、邻里、老乡亲之间的交往纽带，是回望乡土的共同记忆。

沿村山神会是以村落为单位共同祭祀山神的组织和活动。根据林美容对祭祀圈的界定，祭祀圈是指一个以主祭神为中心，共同举行祭祀圈的居民所属的地域单位，因而沿村可以被看成是以山神为中心的一个祭祀圈。祭祀圈本质上是一种地方组织，表现出汉人以神明信仰来结合与组织地方人群的方式。不同层次的祭祀圈之间的扩展模式，表现出传统汉人社会以聚落为最小运作单位之融合与互动的过程。[①] 从这个意义上说，沿村山神会无疑是建构沿村社会、体现沿村整体性和内聚性的一个重要组织形式。杜赞奇根据组织规模和联合原则将乡村宗教区分为四种类型：村中的自愿组织、超出村界的自愿组织、以村为单位的非自愿组织和超村界的非自愿组织，沿村山神会属于他所称的以村为单位的非自愿组织，在阐述这类组织时，杜赞奇指出这一类组织的规模与村公务基本相符，即“公务范围”

---

① 参见林美容《乡土史与村庄史》，台原出版社2000年版。

基本上与“村落社会”是同义词，因为“社会”是一个空洞的概念，只有当村民共同参加（非本村人则不能参加）一个仪式时才体现出他们属于同一个集体（社会）。①

山神会的祭祀活动主要集中在每年正月初一，此前还有一系列准备工作以及其他形式的祭拜活动，这里将其析分为会、仪式和信仰三个方面，具体阐述它们对于沿村村落社会的内聚作用。

山神会是山神祭祀活动的组织形式，但这里的会并非全村性的集体组织，而是由一二十户人家组成的小型祭祀组织，若干个小型祭祀组织联合起来构成全村性的祭祀组织。这与村中一般的会的组织形式有所差异，如看青会、花会一般一个村落只有一个，当然也不排除有些村落有多道花会，但每一道花会都是代表全村，而不是代表村落中的一部分人。不过，这种形式的差异并不能否认祭祀山神活动具有的村落规模，总体来看每一个农户基本都加入了山神会，只是不同的农户可能属于不同的山神会。山神会尽管因编筐时需要上山采割荆条而兴起，但入会的资格却与编筐没有多大关联，不从事编筐的家户也可以加入山神会。多数家户都参加山神会，只有少数家户因为太穷拿不出养猪的粮食才会放弃加入。在正月初一的祭祀活动中，各道会基本上统一行动，这也说明了山神会的村落祭祀性质。

在对村落共同体的探讨中，日本学者也将会作为判定村落具有共同体性质的一个重要依据。平野义太郎在1941年发表的《会、会首、村长》一文中，提出中国村落具有共同体性质的观点，他的判断依据是村公会和公会组织的存在。他将会与政府设立的组织区别开来，认为会是自然村落的自治组织，会首们的公会背后存在着村落自然形成的生活协同形态——“会”，会与按照县政府的命令建立的保甲、邻闾制以及国家的行政组织——行政村是不同的，“会”正是村民的自然的生活合作体。“会”以庙为中心，是按照地理和历史自然发展起来的村民的自然聚落。村落的财产叫作“会里财产”，公会建筑以及其他的村有财产被统一称为庙产，就意味着自然村落“会”是以庙为中心自然产生的，是共同生活组织，结

① 参见［美］杜赞奇《文化、权力与国家》，王福明译，江苏人民出版社2006年版。

成了共同的村落组织。[①] 至于会是否一定与庙相连，是否一定有会产则有待商榷，至少沿村山神会不是与实际的庙相连，不过各道会共同饲养的用于年初祭祀的猪可以算作会产，在村落中较为普遍的花会虽然也有朝圣进香的目的，但成立花会的一个重要目的是为娱乐，由此看成立会的原因不一定只与庙相关。不过从平野对会的阐述中可以看出，会对于理解村落社会整体性和内聚性的重要。

除求雨仪式外，每年正月初一的祭祀山神仪式便是沿村人一年中最为盛大的集体活动。仪式作为象征性的、表演性的、由文化传统所规定的一整套行为方式[②]，在整合社会促进群体的凝聚上发挥了作用。祭祀山神过程中并无山神的偶像，而是象征性地朝村北跪拜，沿村村北即为山地，那里是沿村人理念中山神所在的地方。沿村村北的几个村落均有山神庙，虽然形制简陋，但供有山神的泥像，然而沿村人一般不去那里祭拜，由此也看出村落的界限以及由土地神为中心形成的祭祀圈的界限，沿村人是在自己的村落内祭拜村外的山神。沿村人对山神的信仰也体现在平常的烧香活动中，在外出采割荆条之前，一般农户都会在家上供烧香，祈求山神爷保佑外出割荆条平平安安。新中国成立以后，山神会的活动被视为封建迷信，沿村人不再举行一年一度的山神会，但祭拜山神的活动也会偷偷在家举行，采割荆条的人仍保留每月初一和十五禁山的习俗。尽管没有外在集体仪式，但沿村人依然保持对山神信仰的认同。当我们说一个村落的存在时，不仅指外在的有着地理边界的空间坐落，也应指村落中的人共有的精神和信仰。沿村是一个编筐的村落，因而在信仰上不同于周边不编筐的村落，与周边的平原村落相比，沿村人的村落信仰中多了一重山神信仰；与山地村落相比，沿村人在祭祀山神的方式上与之不同。从某种意义上说，是山神信仰塑造了沿村人和沿村社会。

与村落内聚性密切相关的是村界问题，戒能通孝在探讨中国村落是否具有共同体性质时注意到村落地理边界。他发现中国村落没有明确的地理边界，村民的土地往往跨越村庄边界，因而没有形成固定和稳定的村落地域集团[③]，这一点成为他判定中国村落不具有村落共同体性质的依据之

① 李国庆：《关于中国村落共同体的论战——以“戒能—平野论战”为核心》，《社会学研究》2005 年第 6 期。

② 参见郭于华《仪式与社会变迁》，社会科学文献出版社 2000 年版。

③ 参见［日］戒能通孝《法律社会学诸问题》，日本评论社 1943 年版。

一。旗田魏注意到另一类型的村落边界，即村民的身份边界，取得村落资格的难易成为判定村落内聚或分化的重要依据。他们忽视了另一种重要的村落边界，即技艺传承的村落边界。

作为中国传统社会基本结构单元的村落是一个地缘共同体，其成员之间有着亲密接触、彼此友爱互助的传统，相互依存的共同体意识促进了手工技艺在村内的传承，在走出小农经济的樊篱，进入近代以来的农村市场体系过程中，这些村民倾向于共享某种手工技艺，进而形成手工专业村。沿村村民技艺选择的趋同性不完全依赖村落资源禀赋和环境条件，村落共同体的意识和规范发挥了重要作用。村落精英或技术能手无私地将新技艺传授给同村的人，同村的人在日常频繁的互动和交往中，自觉不自觉地互相模仿学习技艺，都是建立在村民守望相助和内在的命运共同体意识上。手工技艺一旦为某一群体共享，它将形成一种惯习和传统，影响年青一代的生计选择，如果没有更好的选择，他们会基于路径依赖继承父辈技艺传统。与代际自然的传承不同，手工技艺在横向上的传播可能会受村落边界影响。沿村荆编技艺未曾扩散到周边村落，主观上和村落共同体的封闭性和排外性有一定关系，但荆编专业村浓厚的生产氛围和周边村落所不具备的荆编技艺学习优势，却是导致技艺传习边界形成最为直接的客观因素。

沿村技艺传承的村落边界，导致了它迥异于周边村落的生计方式，更有意味的是，沿村周边村落，乃至房山许多村落在生计选择上都有自己的特色。上文提及的“七贤篮子，沿村的筐”这句顺口溜，还有另一个版本：“七贤篮子，沿村的筐，太和庄的小车一大帮，北务的小伙儿请大香，壮的做柁檩，细的做窑桩，不壮不细做炕帮。”七贤村和沿村分别以编篮子和编筐为特色，太和庄村以推小车做买卖为特色，北务村则以请大香为特色，请大香即为砍树的意思，这里说砍树做柁檩、窑桩和炕帮实际上带有戏谑的说法，北务村人砍树的主要目的是为磨香油之用，磨香油是北务村传统的生计方式。与沿村紧邻的其他四村：东甘池、坟庄、二龙岗、西长沟虽未进入顺口溜中，但在生计方式上亦有自己的特色，坟庄村和二龙岗村土地较多，村民以种地为主要生计；东甘池村属于半山区，离煤窑较近，村民中走窑和驮卖煤的多；西长沟因守着长沟大集村民中做买卖的多。

不同村落为何会形成非农生计的差异和特色，或许应做历史考察。一个村落的部分村民最初选择某种生计方式与村落自身的自然环境、生态条件密切相关，但这种部分人选择的生计最后发展成村落共有的生计传统，却不一定完全依赖物质的因素，或者说不完全依赖实践理性。“人的独特本性在于，他必须生活在物质世界中，生活在他与所有有机体共享的环境中，但却是根据由他自己设定的意义图式来生活的——这是人类独一无二的能力。因此，这样看来，文化的决定属性——赋予每种生活方式作为它的特征的某些属性——并不在于，这种文化要无条件地拜伏在物质制约力面前，它是根据一定的象征图式才服从于物质制约力的，这种象征图式从来不是唯一可能的。因而，是文化构造了功利。”[①] 村落生活的文化图式包含了村民行为选择的趋同性，这种趋同性来源于并强化了生活共同体内部成员间的亲和与内聚。村民在生计方式选择上的趋同性促使了村落共有生计传统的形成，这种传统一旦形成，便成为村民行为选择的一种惯习，这种惯性既是村民个人的也是村落整体的。

在探讨村落内聚性时通常关注的是村落的集体组织和集体活动，但仅仅以此为关注点并不能充分认识村落社会的内聚。在对村落共同体争论做学术反思时，旗田魏指出判定村落是否具有共同体性质时，不能仅仅关注集团活动，那种感到只要存在集团活动，便立刻将该集团称之为共同体的逻辑是偏颇的。[②] 清水盛光关注到集团活动之外的因素对于村落内聚性的影响，他将其称之为“村落共同体的自律性连带”，他认为：“自律的连带不是依靠有实体的组织建立和维持的，而是一种由社会意识支配的协同关系，是以自然形成的村民的亲和感情为基础产生的，伴随着义务感的行为、思维以及感受等方式。这种自律性自治的村落结合的主观基础，是血缘村落中的血缘结合以及地缘村落中的地缘结合。”[③]

这种村落共同体的自律性连带在形成沿村村落社会的内聚性上起到重要作用。沿村的集体活动很少，仅限于每年正月初一的山神会和大旱时的集体祈雨，日常生活中的宗亲、邻里互助便成为促成村落内聚的重要因素，编筐则是这些日常交往与互助的重要媒介。筐艺的传习并不局限在家族之内，而是在邻里和全村的范围内开放性地传习；作为礼物的筐维系了宗亲和邻里间的友好情感；作为共有话题的筐则超越了家族、年龄、聚

① ［美］马歇尔·萨林斯：《历史之岛》，蓝达居等译，上海人民出版社 2002 版，第 2 页。

② ［日］旗田魏：《中国村落与共同体理论》，东京岩波书店 1973 年版，第 45 页。

③ ［日］清水盛光：《中国社会研究》，岩波书店 1939 年版。

落、编筐与不编筐人的界限，成为沿村人共有的历史记忆，这些均体现了作为生活共同体的沿村的内聚。这种内聚性并非以有规模的集体活动来体现，而是如碎片般散落在沿村人的日常生活中，家庭叙旧、街头闲聊，追思亲友全都关联到作为村落共有手艺传统的编筐。

过往在探讨村落内聚时，更多地关注到农耕、婚丧嫁娶等仪式中的合作与交往，对于非农生计的手艺与村落自律性连带的结合探讨较少，或许我们应该改变一下观念，不再将技术看成是自我存在和发展的独立要素，而是将其看成政治和文化实践网络中的组成部分。[①] 要理解不同于我们时代的人们的生活和日常行为，对于为其服务的科技考量是不可或缺的，因为它们本身在很多方面形塑了生活的真正结构。编筐手艺形塑了沿村日常生活的结构，自然而细腻地展现了村落的自律性连带和内聚。

（二）荆编业与村落的开放

沿村村落社会的文化网络以编筐手艺为统领，不仅关联村内的山神会、因筐而生成的交往、记忆、情感，也关联村外的集市、庙会和其他村落。一般农耕村落的村民较为常规的村外活动是赶集、逛庙会和串亲戚，由于集市和庙会日期的固定性和串亲戚次数的有限性，而表现为较为稳定的开放性。相比而言，像沿村这样以编织手艺为副业的村落在开放性上则表现出更多的流动性。

在销售旺季，沿村的编筐人每月至少有一半时间在外卖筐，若以一旬两集来算，沿村人赶集的数量至少在五个以上，在调查中有一位老人告诉笔者，他赶过的集数量不下于十个，这一数量远远超过施坚雅所规定的一个村庄只对应一个初级市场的数量。如果不算初级市场下的小市场，沿村人卖筐常去的初级市场有四个，分别为长沟集、琉璃河集、窦店集和涿州集。沿村中不编筐的家户因购物而常去的集市也不止一个，当然长沟集离他们最近因而去得最多，但去周边的集市的次数也不少。询问原因时他们告诉笔者，房山各镇的集市各有特色，一般会根据需要购买物品的种类选择集市，长沟集主要以牲口市和粮食市为特色，其他商品的种类和数量未必比别的集市丰富，比如说家里办事要购买蔬菜，一般会去涿州集的早

---

① 参见［美］白馥兰《技术与性别：晚期帝制中国的权力经纬（1997）》，江湄、邓京力译，江苏人民出版社 2006 版。

市。卖筐常去的村庄的范围也远大于婚姻圈，最远的卖筐地点是北京，距沿村有一百多里地，去这些地方卖筐可以卖出高价，因而不少人愿意费脚力去北京卖筐。卖筐去庙会的次数也远多于普通村民，一般的村民常去的多是邻近的庙会，如长沟的药王庙会、北务的西山老奶奶庙会、天开的娘娘庙会，卖筐人几乎是逢庙必去，所赶庙会的数量一般都在五个以上。由此看沿村卖筐人在村外的活动空间超出了一般所言的市场圈、祭祀圈和婚姻圈的范围。

在对施坚雅的市场体系理论提出批评时，孔飞力认为中国地方社会组织有两种模式，一种是像韩书瑞描述的白莲教徒的“游方小贩”模式（tinker peddler mode），一种是据施坚雅描述的一套“同心圆”模式（unested concentric mode）。在一套“同心圆”模式下，人们的流动和相互联系是沿着从村落通向贸易中心的道路和河流，然后再通向更高层的中心。那些最适应这一生态系统的人与长期的交换、学习、拜神及社会控制制度相互影响。这些制度包括：市场网络的中心，官方教育制度，官僚筛选，祭礼仪式，佛寺及民间宗教，法庭及县税务衙门。这种模式有一定的日程、固定的地点，等级分明。在“游方小贩”模式之下，人们从一个村庄到另一个村庄，水平地来往于居住区之间而不是垂直地流动于各级市场系统。它没有固定的日程、地点，等级特点不明显。[①] 游方小贩模式提出的意义在于使我们关注到一个横向的村落与村落之间的联系，这种联系不仅由婚姻关系、民间宗教组织来建立，也由分散在各村的或是集中于某村的手艺人、行商小贩来连接。在沿村卖筐人的村外交往空间中，两种组织模式均起到作用，尽管在筐的交易方式上存在个人差异，有的人采用赶集、串乡、赶庙会多种方式，也有人只采用其中的一种，但沿村人在村外的连接模式基本属于游方小贩式，严格意义上的施坚雅模式并不存在，沿村与周边集市的关系基本上是以沿村为中心点，向四周连接，同样沿村与周边村落及庙会的关系也是属于这种模式，这里没有明显的从中心到四周的垂直的市场或朝圣结构，更多的是村与村之间的横向连接。

施坚雅的市场体系模式中没有过多关注村落与村落之间的市场关系和庙会在市场体系中的作用，市场中心也不一定是宗教组织的中心，基层市

---

① 参见［美］孔飞力《中华帝国晚期的叛乱及其敌人》，谢亮生、杨品泉、谢思炜译，中国社会科学出版社 1990 年版。

场体系的范围也不一定与婚姻圈相重合。在地域社会构成中，市场、宗教和婚姻三种结构要素在共同地起作用。祭祀圈、市场圈、婚姻圈这些单一要素皆不能成为地域社会构成的主导力量或决定性要素，它们必须共同编织起构成地域社会的各种经纬线。[①] 在后来对自己的理论做修正时，施坚雅指出：

> 村以上的地方组织是个极为复杂的课程。据过去十年中所发表的著作来看，基层市场系统的内在结构显然比我《中国农村的集市和社会结构》一文中所开始提示的情况要丰富多彩和有趣得多。基层市场共同体下面的村外地方系统，是按照较高级的宗族、灌溉团体、政治仪礼的"同盟"（在各种名义下，包括约、社、厢等），以及某个神祇及庙宇的管辖区组织起来的，即便不是大多数，那么其中至少多数是表明它们并不是只有一条组织原则的单一目的的团体。看来至少在一些情况下，这些地方系统——莫里斯·弗里德曼对此提议冠之以"相邻区"这个名词——并不完全囿于市场系统之中，相反它们延续了等级叠加那种相互重叠的模式，我业已证明这种互相叠加是"自然"经济等级的特征。然而，基层市场共同体作为非官方政治系统的通常意义，一般为新的研究所证实。[②]

在此，施坚雅也意识到市场体系只是连接地方社会的多重结构要素之一。

除去农忙季节和过年，沿村一般的家户一年中至少有 9 个月的时间从事编筐，而在这 9 个月中至少有三分之一的时间用于卖筐，这意味着沿村人一年中至少有三个月地时间是在村外卖筐，其他任何形式的村外活动，包括赶庙会、串亲戚、赶集所用时间一般都短于这个时间。从这个角度来说，是卖筐的副业劳作模式主导了沿村人的村外生活，建构了沿村人的对外交往机制，也塑造了沿村人的交往个性。施坚雅的市场体系理论更多地注意到村落对集市的依赖，但对于市场体系中村落与村落是怎样的一种关

---

① 朱炳祥：《摩哈苴彝村"出行"群体与地域关系结构——"祭祀圈模式"解释力的局限》，《武汉大学学报》（哲学社会科学版）2007 年第 6 期。

② ［美］施坚雅：《中华帝国晚期的城市》，叶光庭、徐自立、王嗣均、徐松年、马裕祥、王文源译，中华书局 2000 年版，第 188—189 页。

联却探讨不多，从这个意义上说关注副业劳作模式在村外交往中的作用是对施坚雅市场体系理论的一种补充。

在评述中国社会史研究中的结构主义倾向时，张佩国曾有一段精辟的论述：

> 社会学上有方法论结构主义与个体主义之争，虽然对所谓结构的探讨不断地引入对个体行动者行为、关系的分析视角，但目前似乎结构主义仍占主流地位。社会史学的“剩余领域”化或社会学化，对于社会学结构主义方法只是盲目套用，反思、批判却远远不够。在近代中国社会史的研究中结构主义的概念文化俯首即拾，对社会组织的结构—功能的研究掩盖了人的活动。不错，人是生活在社会组织中的，结构性整合程度愈高的社会愈是如此。然而，组织结构仅仅是稳定化的族群关系而已，离开了有血有肉的人的互动关系在特定历史时空的流动，所谓结构只能是空壳化、形式化的虚假概念，我将其称为“固化的结构”。社会史学的研究视野只有从“固化的结构”转向“流动的结构”，才可以动态地、全方位地再现社会历史时空的普遍性，因为只要有人群存在，必然就有社群关系网络，而特定的社会组织在历史时间和空间序列上都只能是相对的。①

从个人主义视角来说，关注副业劳作模式也显得深有意义，这不仅是因为卖筐生活主导了沿村与外部世界的关联，同时也因为卖筐生活更多地通过建立个人之间的交往来形成村落之外的地方社会，构成对地方社会的感知和体验。如果说祭祀圈和市场圈的理论倾向于从结构主义视角来理解地方社会，那么关注副业劳作模式则更多地体现了理解地方社会存在的个人主义视角。卖筐人对集市和庙会的依赖和感知并不止于商品的交换和人神间的沟通，而是自然而然关联到村落外的在公共空间中建立的熟人社会以及在人际交往中形成的地方感。GR 在谈到常去的码头集和长沟集时，说得更多的是他在集市上结识的熟人和朋友；BSW 对涿州的认同和对畿辅之地的地方感则源于卖筐途中听到的关于刘备、关羽、张飞以及乾隆皇帝的故事。当我们说一个地方社会的存在时，它是一种不一定与明确的实

---

① 张佩国：《近代江南乡村地权的历史人类学研究》，上海人民出版社 2002 版，第 15 页。

体性团体范围相重合的“场境”，或者说是一个人们在意识中共有道德认识的、观念性的世界。①

手艺与村落社会是互为形塑的关系。编筐手艺不是单纯的造物技术，而是深深植根于村落社会特有的结构和秩序中，筐艺的传习带有明显的村落界限，是日常生活中宗亲和邻里间的传承和习得；筐的生产依赖大家庭的合作和传统的男女性别分工；筐的销售则依托以集市和庙会为主导的乡村社会市场。从某种意义上说，筐的再生产同时也是乡村社会结构和秩序的再生产。另一方面，编筐手艺也形塑了沿村社会，编筐是建构沿村社会内聚和开放的重要机制。因编筐而形成的山神信仰、人情交往、集体记忆、技艺传承界限以标志性文化网络的形式共同构成村落的认同和内聚；赶集、赶庙会和串乡卖筐的生活主导了沿村与外部世界的关联，这种由副业劳作模式主导的开放与信仰圈和市场圈相关联，但又不同于它们的作用机制，它更多地体现了村落与村落之间的横向联系和差序格局之外的交往秩序。

（三）劳作模式在村落共同体联结中的作用和机制

在探讨村落共同体联结机制时，一般多从宗族、信仰、水利等基本视角考察，较少关注劳作模式在村落共同体联结中的作用和机制。宗族研究模式是从华南社会推导出来的，学者们普遍认为华北宗族不甚发达，杜赞奇着重从宗族对政治经济的介入来讨论华北宗族的功能，他认为华北宗族虽不像华南宗族那样庞大、复杂及拥有巨额财产和强大的宗族意识，但它在乡村社会中，仍起着具体而重要的作用。② 沿村属于多姓杂居村，白、王、张、邵、陈几个大姓在村落事务中显示出较为均衡的力量，没有出现一姓把持村治的情况。尽管在村内生产生活中，尤其在仪式节庆、人生礼仪、祭祖和经济生活中，宗族发挥着重要作用，但总体来说，沿村宗族势力并不强大，难以成为联结村落共同体的重要力量。

在台湾汉人社会的研究中，祭祀圈和信仰圈被认为是构成地方社会的重要组织形式。在对草屯镇的研究中，林美容根据祭祀范围将祭祀圈分为

① 参见［日］岸本美绪《伦理经济论与中国社会研究》，载滋贺秀三等著，王亚新、梁治平编《明清时期的民事审判与民间契约》，法律出版社 1998 年版。

② ［美］杜赞奇：《文化、权力与国家》，王福明译，江苏人民出版社 2006 年版，第 87 页

聚落性祭祀圈、村落性祭祀圈、超村落祭祀圈和全镇性祭祀圈，后两类体现了村落与外部社会连接的重要机制。以林美容所界定的祭祀圈概念来分析沿村以及周边村落的信仰和社会组织情况，发现沿村和周边村落的祭祀圈多以聚落性和村落性为主，超村落和全镇的祭祀圈很少。沿村居住分散，村内共有三座五道庙，围绕三座五道庙形成三个聚落性祭祀圈。另有一座村庙名为观音庵，供奉主神为观音，另外供奉有娘娘、龙王爷等神像。一般村民许愿、还愿时才进庙烧香，没有形成围绕主神的全村性的祭祀活动和组织，祭祀的人也不仅仅限于沿村人，周边村落亦有人来此烧香。全村性的祭祀活动只有两项：一是每年天旱时在村中的祈雨活动，祈雨时将龙王爷神像抬至村中北泉水河边；另一项是则每年正月初一在村北山坡举行的山神会。对应这两项活动形成围绕龙神和山神的两个村落性祭祀圈。周边村落、沿村所隶属的长沟镇以及过去曾隶属的涿州均有庙宇和庙会，但沿村人去这些庙宇拜神烧香更多地出于自愿，而非义务。以娘娘庙为例，附近的天开村和涿州均建有娘娘庙，香火都比较旺盛，但沿村村内的观音庵中亦供有娘娘神像，沿村人若想给娘娘烧香，一般都去村庙。去天开庙和涿州庙给娘娘烧香一般都是在庙会时，逛庙会前先给娘娘烧香，然后再购物、娱乐。去哪一个庙会烧香一般由各家各户自己来定，没有形成义务性的祭祀活动。由此来看，沿村只属于这些庙宇的信仰圈范围内。当然这并不意味着这些庙宇没有形成祭祀圈。像天开娘娘庙曾形成超村落的祭祀圈，相传天开娘娘的八个姐妹分别居于天开周边的八个村落中，因而每年四月十八天开娘娘庙会时，这八个村均有义务过来进香，形成天开娘娘的祭祀圈。当然周边其他村落，包括沿村可以过来烧香，各村花会亦会过来进香走会，但比起娘娘姐妹所在村落，则更多了一份自愿性。以村落为单位的祭祀圈是沿村共同体联结的重要机制之一。

跨村落的流动的水如何在不同村落之间实现分配与共享是学者们探讨的重要话题，以水利为中心延伸出来的区域性社会关系体系——水利社会也成为分析乡村社会基层组织和结构的重要视角。沿村属于北泉水河沿岸的村落之一，北泉水河为拒马河的支流之一，发源于长沟镇北甘池村村北的寿阳山，在长沟境内依次流经北甘池、西甘池、南甘池、东甘池、沿村、西长沟、东长沟七个村庄，再由东长沟流入涿州境内。因为有泉水河的灌溉，沿岸村落的农耕兼有旱作农业和稻作农业的双重特色，每一个村都有旱地和稻地。在北泉水河源头北甘池村曾建有将军庙，祭祀治水将军冯夷，民国二十六年（1937）将军庙重修时沿岸村落包括涿州的上坡、渎河、杜村、丁蒋庄等村共同出资修庙。房山与涿州交界境内水资源充沛，另有拒马河的支流南泉水河，发源于大石窝镇水头村西北，流经水头、下庄、石门、高庄、半壁店、南正，双磨等村，在北良各庄村东出境，出境后在夹括河村与北泉水河汇合，至涿州市张村南汇入拒马河。民国时期这些村落多有用水纠纷，甚至为抢水发生命案，为此专门成立涿房两县水利委员会，以协调各村用水，解决纠纷。这里有两个问题值得思考：北泉水河沿岸村落是否围绕河路将军冯夷形成祭祀圈，以增强各村的命运共同体感？在北泉水河关联的水利社会中沿村与周边村落的关系如何？

通过调查了解到将军庙原名圣泉寺，为佛教寺庙，主祀观音，河路将军冯夷是民国年间重修时改祀的神灵，推测起来改祀治水将军与修庙时向各村募款有关，一来募款有名；二来确实为沿岸各村造福。由于缺乏文献资料记载，20 世纪之前沿岸各村与圣泉寺的关联不得而知，但在 20 世纪前半期，各村去圣泉寺烧香之人不多。比起对河水的重视，各村似乎更重视靠天吃饭的旱作农业所需的雨水，祈雨成为各村重要的仪式活动。长沟一带村落祈雨地点主要是天开的黑龙潭和大石窝的白玉堂，这两处均有很深的水潭，相传在此祈雨非常灵验。祈雨的组织较灵活，有时是单独一个村祈雨，有时则是几村联合祈雨，沿村因村中有深水潭——大黑桥下的大汀，所以多在村中祈雨，由此看沿岸各村虽出资修将军庙，但并未形成祭祀圈，甚至连基本的信仰活动都很少。沿村位于北泉水河上游，栽秧季节一般都有水用，较少与上游村落发生偷水、抢水事件。下游的东、西长沟稻地不多，与沿村亦较少发生用水纠纷，也即是说在北泉水河连接的水利社会中，沿村与上下游村落并未发生紧密的联系，也没有形成较大冲突。沿村与北泉水河流域其他村落只构成较为松散的地域关系。沿村没有形成村一级的水利组织，也不存在由此而来的村落团结和内聚，因而水利并非联结沿村共同体的重要机制。

福武直曾指出，农村社会学应该探索农民生活中最基本的经济现象以及通过这些经济活动而产生的群体与社会的关系。[①] 然而在村落社会研究

---

① ［日］福武直：《中国农村社会结构》（福武直著作集第 9 卷），东京大学出版社 1976 年版。

中，这一基础而重要领域却往往被忽视。宗族、信仰和水利等集团性活动受到重视，更为日常而琐碎的物质生产实践被忽略。农耕生产在村落社会中随处可见，它的寻常和在整体上的趋同使人们对它习以为常，很少反思它的存在对于村落社会建构的意义。日本学者对中国村落共同体的探讨中已注意到农耕中的各种合作[①]，张思在《近代华北村落共同体的变迁》中对华北农村中搭套和换工等农耕结合作了深入细致的研究[②]，弗里德曼研究中国东南的宗族制度时也指出稻作农业中的水利合作对于中国基层社会构成的重要[③]，但这些都没有关注农耕生活实践本身，而只是关注到农耕生活的制度和组织层面。但农耕二字只是对中国村落社会基本物质生产实践的一个总体概括，实际上即便同为农耕村落，人们“日出而作，日落而息”的劳作模式也存在具体的差异，比如平原农耕与山地农耕在种植作物的种类、劳作的节奏、耕作习俗等方面便有明显差异；除农耕村落外，还有许多非农耕村落，比如像房山的沿村和七贤村这样的手工业村落，像太和庄村、东长沟村、西长沟村这样的商业村落。从某种意义上说，不同村落在劳作模式上都存在差异性。

探寻沿村共同体联结机制，也许要回到村民的劳作模式上。相同劳作模式形成共同的生活节奏、共同的宇宙观、价值观和交往习俗，从而形成共同意识，建构村落社会实在。日常生活世界是最值得注意的第一社会实在。为了探索社会世界的社会建构过程，最可靠的途径就是回到生活世界，回到日常生活领域中不断重复着的行动结构以及行动者的最普遍的意识状况。[④]

由于多数农户都从事荆编业，沿村人形成了基本一致的生产生活节奏。入秋以后，荆条生长成熟，沿村人去山里采割荆条；大秋结束到第二年春耕前，沿村人编筐；麦秋和大秋之前是荆筐销售旺季，沿村人则奔走于周边大小集市，赶集卖筐。“绕”是沿村人编筐中常用的一个词，因编帮过程中需用荆条绕缠，“今天绕几个呢?”便成为沿村人见面专有的问候语。村中小河中浸泡的荆条，散发出臭味的浸满荆条的水坑，各家门口

---

① ［日］旗田巍：《中国村落与共同体理论》，东京岩波书店 1973 年版，第 57—174 页。

② 参见张思《近代华北村落共同体的变迁》，商务印书馆 2005 年版。

③ ［英］莫里斯·弗里德曼：《中国东南的宗族与社会》，刘晓春译，上海人民出版社 2000 年版，第 1 页。

④ 参见［德］阿尔弗雷德·许茨《社会实在问题》，霍桂桓等译，华夏出版社 2001 年版。

晾晒的荆条，院子里编筐的男人和修剪荆条枝杈的妇女，这些都是沿村独有的景观，也是沿村人特有的地方感。这些不断重复的荆编劳作实践，共有的技艺、知识、话语体系和独特地方感不断生成村落个性和边界，强化着共同体意识。作为家庭手工业，沿村荆编业中少有大规模的集体行动，也不像近代乡族共有经济和新中国成立后的村落集体经济拥有共同财产和实体组织，但在生产和销售中，依然存在合作、互助和回避竞争意识，显示了共同体成员间的友爱和亲和。不同于宗族、信仰和水利，劳作模式更多地不是通过集团活动，而是通过建构共享的感受、身体实践和观念体系来联结村落共同体。

沿村荆编专业村的形成依赖沿村历史上业已形成的村落共同体成员间的亲和意识和自律性，荆编专业村的延续和发展亦使这些村落共同体传统得以再生产。荆编技艺在宗亲之外的传习和维系拓展了村民的交往和互助领域，增加了共同体内部联系和凝聚的纽带，相同的荆编劳作模式使沿村人有着相同的经历、感受和记忆，在此基础上形成共同意识和内聚力。

经济行为总是嵌入在一定的社会关系网络与社会制度中。作为中国传统社会基本结构单元的村落是一个地缘共同体，其成员之间有着亲密接触，彼此友爱互助的传统，这种相互依存的共同体意识影响和制约了近代乡村手工业的发展。在走出小农经济的樊篱，进入近代以来的农村市场体系中，一些村落的村民倾向于选择相同的生计模式，促成了手工业专业村的形成。这种生计选择的趋同性不完全依赖村落独特的资源和环境条件，村落共同体的意识和规范发挥了重要作用。沿村荆条编织专业村的形成依赖村落成员之间密切交往和互相信任的传统，村落精英或技术能手无私地将新技艺传授给同村的人，同村的人在日常频繁的互动和交往中，自觉不自觉地互相模仿学习荆编技艺，都是建立在村民的守望相助和内在的命运共同体意识上。手工业专业村一旦形成，它将形成一种惯习和传统，影响年青一代的生计选择，如果没有更好的选择，他们会基于路径依赖继承父辈传统，手工业专业村也得以延续和发展。与代际自然的传承不同，手工业专业村在横向上的扩展可能会受到村落边界影响。沿村荆编技艺未曾扩散到周边村落，主观上和村落共同体的封闭性和排外性有一定关系，但荆编专业村浓厚的生产氛围和周边村落所不具备的荆编技艺学习优势，却是导致技艺传习边界形成最为直接的客观因素。

尽管也存在政府或地方精英组织起来的合作制下的集体经营，但从总体上看，近代乡村手工业主要以个体或家庭经营为主，合作化经营形式为数并不多。[①] 一些学者以此作为农民自私保守的表现，这一认识可能忽视了像沿村荆编这样的乡村手工业所体现的农民团结互助的一面。沿村荆编生产和销售以家庭为单位，带有自产自销性质，较少合作经营，但沿村人在荆编技艺传习上对村落成员却是完全开放，毫不保守，从道义上讲，每一位沿村村民都有权利学习荆编技艺，同时也有责任和义务向村落其他成员传授荆编技艺，当然这种开放性和荆编技艺相对简单易学的特点有关，但不可否认技艺共享背后体现的村落共同体意识。在开拓和占有荆编市场中，沿村人也体现了团结和排外的一面，独占长沟一带的荆编市场。施坚雅将基层市场体系看做中国传统乡村社会的基本结构单元，但在基层市场中交易的个人并非原子化的个体，而是带有显著村落身份的人。沿村人是以集体形式参与基层市场体系，长沟集市上的筐市是他们特有的村落符号，从这个意义上讲，基层市场并未成为瓦解村落共同体的力量，反而有助于村落共同体的形塑和强化。

已有研究着重在三个方面挖掘中国传统社会村落共同体属性。一是集团性。集团性是村落共同体属性的显著特征，20 世纪早期日本学者在对中国村落共同体的论争中，也将其视为判定村落是否具有共同体属性的标准之一，因而村落宗族、祭祀、防卫、娱乐、水利、看青等组织成为重要的探讨领域。二是村民协作和互助。相比于实体的组织，这种协同关系是一种自律性连带，是一种由社会意识支配的协同关系，是以自然形成的村民的亲和感情为基础产生的，伴随着义务感的行为、思维以及感受等方式。[②] 村民在盖房、婚丧嫁娶、农耕等方面的互助正是这种协同意识的表现。三是村民意识道德层面的共同规范，诸如村落共有财产使用、用水、耕作等方面的规则和日常交往习俗等。这三方面已涵盖村民行为和意识层面，但相对而言，对村民心理和观念世界的共同意识探讨不多。不断重复的相同劳作产生共同的知识体系、价值观念、话语体系和地方感，形成村民相互认同的基石，比起利益诉求和外在规范，这种认同是自然而然产生的，也是最为深层和持久的，是村落共同体的灵魂和核心所在。比起神圣

---

① 参见彭南生《半工业化——近代中国乡村手工业的发展与社会变迁》，中华书局 2007 年版。

② 参见［日］清水盛光《中国社会研究》，岩波书店 1939 年版。

的仪式和大规模的集体行动，物质生产和劳作是最寻常的日常实践，感知村落共同体的存在，不应忽视相同劳作模式中孕育的共同的心灵和精神世界。

二　村落劳作模式研究

物质生产作为社会生活的基础，一直是不可或缺的民俗调查内容，各类民俗志、地方志书对生产习俗、知识、经验和技艺多有记载。伴随 20 世纪 90 年代以来民俗学研究范式的转换，生产民俗研究也出现了诸多探索。近年来，民俗学者开始关注村落生计选择的趋同性，结合劳作者主体感受和群体生活模式，将其称为“村落劳作模式”。比起相关的“生计方式”“生计模式”“生产民俗”等概念，劳作模式不仅是指获得某种物质利益的生产类型，而且是指向身体经验意义上的日常生活方式。运用这个概念，有助于全面考察村民在特定的生产过程中所积累起来的身体经验和丰富的感性知识。”①

（一）民俗学视野下的村落研究

村落劳作模式研究缘起于民俗学在村落研究领域的诸多探索。村落作为微型社区的代表是中国人类学和社会学传统中基本而重要的研究单位，又因村落研究与民族志研究具有天然的契合，以及中外学者自 20 世纪以来在村落研究上的辛勤耕耘，使得村落民族志研究逐渐成为一种不同于中国传统治学之道的研究范式，影响人类学和社会学之外的其他人文社会科学研究领域。

民俗学视野下的村落研究较早可以追溯到 20 世纪上半期现代民俗学早期民间文学和风俗的调查研究。尽管这一时期的调查多半以省、市、乡、地理区位或民族为调查单位，但因民间文学和风俗多留存乡野民间，实际调查地点已涉及村落。尤其是以乡为单位的调查，如叶作仁的《记道窖乡的婚嫁》、区世焯的《新会潮莲乡的大王菩萨》、黄晓芳的《我乡女人的避讳》、文轩的《我乡的旧历年关》等基本上以村落调查为主。在

---

① 刘铁梁：《劳作模式与村落认同——以北京房山农村为案例》，《民俗研究》2013 年第 3 期。

风俗比较研究中，村落是重要的比较单位。许竹贞在《我今后研究歌谣的方法》一文中，设想比较不同村落的方音方言和人情风俗。他计划调查昆明各乡方音方言，每一个乡再选取两个村落作比较。将人情风俗分为渔人、农人和山居三类，每一类也是选取两个村落作比较。此外，同一时期燕京大学社会学系开展的社会调查中也有不少关注村落民俗。如邱雪莪的《一个村落社区的产育礼俗的研究》、陈封雄的《一个村庄之死亡礼俗》、陈永龄的《平郊村的庙宇宗教》等。总体来说，这一时期，包括后来新中国成立初期以及民俗学恢复的20世纪80年代的民俗研究一直视村落为民俗调查的基本单位之一，只是没有太多从学理上专门探讨村落民俗调查的意义。

民俗学对村落研究较为自觉的实践和提倡大概应从20世纪90年代开始。这一时期民俗学研究方法开始从采风向田野作业的转变。扎入一个较小的社区进行持续的参与观察，不再限于记录那些体裁分属明确的民俗事象，而是把它们与社区生活的一般的方面联系起来，作为理解社区群体的路径。[①] 在田野点或说社区单位的选择上，村落是一个自然的选择。一些学者开始进入村落，从事像民族志一样的民俗调查与研究。一些学者开始从民俗学视角思考村落研究的意义，1995年刘铁梁发表《村落——民俗传承的生活空间》一文，倡导民俗学研究应重视村落调查，他认为相对于社会学、人类学、历史学等学科对农村社区的调查成果而言，民俗学对村落调查的理论与实践意义还不够重视，村落作为农业文明最普遍的景观，应当成为民俗学调查所把握的基本空间单位。在借鉴其他学科研究成果，论述村落的实体性和相对自足性的同时，该文结合民俗调查经验，阐明了村落信仰、娱乐、物质生产、婚丧嫁娶等习俗中体现的村落自我意识，指出村落作为地理和社会空间对于民俗传承的意义。民俗的流传和扩布具有一定的时空界限，这一特征决定了村落和其他时空单位民俗调查的必要；即便某一民俗的流传界限超越了村落，但从民俗传承的视角来看，村落依然是民俗传承的重要生活空间，从这个意义上说，村落可以看作“紧密结合的小群体，也是在其内部互动中构成的一个个有活力的传承文

① 高丙中：《中国民俗学三十年的发展历程》，《民俗研究》2008年第3期。

化和发挥功能的有机体”[1]。在借鉴人类学和社会学村落研究范式的同时，民俗学侧重从村落生活主体和村落文化传承视角强调了村落研究的意义和重要性。

如果说《村落——民俗传承的生活空间》一文着力从研究单位的选择上肯定村落研究的意义，那么刘铁梁在随后发表的《民俗志研究方式与问题意识》一文，则站在民俗学自身发展的理路上为民俗学视野下的村落研究提供了方法指导和建议。该文摆脱了视民俗志为资料集的一般认识，对民俗志的功能和学术定位给予新的理解，指出“民俗志不单是为别人的研究提供资料，它自身还是一种复杂研究过程和认识表达方式。由于它是直接面对自己的研究对象——现实中的民俗——进行实地研究的结果，所以从这个意义来说，正是民俗志的研究和撰写首先代表了民俗学学科的根本特征，甚至是关系着学理能否向前发展的基本研究方式”[2]。

当民族志研究已成为诸多人文社会科学共享的概念和研究范式时，为何该文没有使用“民族志式民俗学研究”之类的概念，而是创设了一个新的学术概念“民俗志研究”，作者在文中没有给我们明确的答案，也没有为作为研究方式的民俗志作清晰的区别于民族志的界定。但之后越来越多的民俗学实证研究和刘铁梁对民俗志理论作进一步探索中提出的“标志性文化统领式民俗志”[3] 和“作为感受之学的民俗志”[4] 的理念，却可

① 刘铁梁：《村落——民俗传承的生活空间》，《北京师范大学学报》（社会科学版）1996年第6期。

② 刘铁梁：《民俗志研究方式与问题意识》，《北京师范大学学报》（社会科学版）1998年第6期。

③ “标志性文化”是刘铁梁在北京市门头沟区作民俗文化志调查与写作中提出的一个核心概念，在调查地方民俗文化时，他发现某些事项显得特别重要和饶有深意，体现出当地民众生存发展的适应与创造能力，也证实着当地民众与外部世界交往的经历，因而成为群体自我认同，并展示于外人的事象，刘铁梁将之称为“标志性文化”。“标志性文化”同样是刘铁梁创新民俗志写法的一个中介性和操作性概念，他认为以标志性文化来统领民俗志调查与写作，较之传统分类法式民俗志书写更能体现民俗文化的整体性和互释性，在一定程度上可以纠正分类法式民俗志可能带来的对民俗生活整体的割裂和肢解。参见刘铁梁《“标志性文化统领式”民俗志的理论与实践》，《北京师范大学学报》（社会科学版）2005年第6期。

④ 刘铁梁谈到：“标志性文化的概念潜含着民俗学的一种追求，即通过言说具有特定标志性意义的生活文化现象来感受特定人群自身独特的历史、生存状态和价值观等，提出标志性文化不是为了满足人们猎奇的心理。而是为了更为充实地感受所有普通人的生活……民俗学是一种与全体民众共同感受自身文化的学术……民俗志书写更多地具有深刻感受自身文化的学术追求。”参见刘铁梁《普遍和深层次的保护》，《民俗文化普查与研究通讯》2008年第2期。

以为此问题提供一些答案：尽管民俗学的实证研究在理论和方法上对人类学有诸多借鉴，但从研究出发点、研究对象、研究旨趣和表述传统看，与人类学民族志研究还是有明显的学科差异；另一方面，创设民俗志研究这一概念亦体现了对中国民俗志传统的坚守和创新。钟敬文先生认为“中国的民俗学从来都是中国人用自己的眼睛、心灵和情感、人生经历和学理知识来创造的学问，是中国人自己在描述自己的民俗志”①，在钟先生建立中国民俗学派理想的召唤下，一批民俗学者在借鉴民族志研究方式时，始终在追寻民俗志不同于民族志的独特学术品格②，刘铁梁关于民俗志的探索上显示了这一追求。

尽管刘铁梁没有专门倡导将村落研究与民俗志研究结合起来，但在20世纪90年代以来民俗学研究对田野作业的日渐倚重中，有相当数量的著作和论文都是进驻到某一村落，开展针对某一问题或某种民俗事项的民俗志研究，形成对村落民俗志理论倡导的呼应，同时又通过呈现丰富的村落民俗志个案，深化对村落民俗志的理论认识。张士闪的《乡民艺术的文化解读——鲁中四村考察》可谓是民间艺术领域村落民俗志研究的一朵奇葩，刘铁梁将它比喻为“一滴掬捧自民间生活真型的活水”，认为该书包含了作者对民众生活文化逻辑的洞见，并在评价该书的基础上阐发了对村落民俗志研究的新思考：

> 本书特别强调对于村落民俗志的描述，但这种描述不是村落内部生活形态与文化事象的简单集合，而是承担者揭示该村“文化的语法”、凸显这一村落个案典型意义的重任。这样，村落民俗志在构成乡民艺术文本之语境的同时，所描述的多种形态与乡民艺术之间也就构成了相互阐释的互文关系。换句话说，作者将乡民艺术视作村民的一种生活实践活动，它所关注的是乡民艺术如何在村落生活中发生实际作用，以及如何与其他村落知识一起交织成一个相对自足的村落文化体系。

---

① 钟敬文：《建立中国民俗学派》，黑龙江教育出版社1999年版，第16页。

② 安德明将“家乡民俗学”视为中国现代民俗学的一个起点和支点，吕微认为民俗志应书写纯粹观念的意义世界，这些都可以看成民俗学者对民俗志区别于民族志的探索。参见安德明《家乡——中国现代民俗学的一个起点和支点》，《民族艺术》2004年第2期；吕微：《从经验实证的民俗志到纯粹观念的民俗学》，《民间文化论坛》2007年第1期。

> 不要把搞田野作业并写成民俗志的这些工作仅仅看成是收集材料和汇集材料的工作，它们有着各种各样的意义。有的人的确是只想收集一些民俗资料，但是更多的人却是在田野作业中有一个深刻的追求，通过民俗志这种研究方式，能够使自己对于民俗做出深刻的理解和完整地表达。①

在此刘铁梁对民俗志的研究意义作了简明概括，如同人类学和社会学领域不再纠缠于对村落研究代表性的探讨一样，刘铁梁放弃了或说是暂时搁置了对传统分类体例下民俗规律的探讨，而将研究目标定位在深刻而完整地描述和呈现民俗生活上，这一探索可以看成是对开启20世纪90年代以来民俗学研究范式转换的《民俗文化与民俗生活》一书的回应和深化。

高丙中在该书中着力探讨的是关于民俗学研究对象的元理论问题，在借鉴国外现象学哲学、社会学和民俗学理论基础上，他找寻到“生活世界”这一重要概念，将其作为民俗学的学科领域，将民俗学的研究领域从民俗文化扩展到民俗生活，这一认识的转变促使民俗学研究方法从文本向田野的转向。研究方法固然重要，但民俗学学科存在的意义和价值才是学科的存在之本，《民俗文化与民俗生活》给予了“生活世界”的概念，但没有依此概念对民俗学的研究旨趣做进一步探讨，而把这一问题留给了学术共同体的其他同仁。就目前来看，依循高丙中提出的“生活世界”概念探讨民俗学研究旨趣的学者们，根据各自不同的学术背景和学术旨趣形成了两种不同的研究路径：一种是以吕微和户晓辉为代表的“哲学派”，他们从民俗学学科发生史和西方哲学尤其是现象学中探寻生活世界研究的意义；另一种是以刘铁梁为中心的执着于民俗志研究的“田野派”，他们从对民俗生活的体验中探讨民俗学的学科追求和旨趣，从“标志性文化统领式民俗志”和“作为感受之学的民俗志”等创新理念中可以窥见他们的学术追求和成果。相对于吕微、户晓辉等学者的研究成果而言，这些理念带有更多的实践意味和可操作性。

（二）走向村落语境的生产民俗研究

在学术群体的共同努力下，十多年来，当代村落民俗志研究的实践成

① 张士闪：《乡民艺术的文化解读——鲁中四村考察》，山东人民出版社2006年版，第1—8页。

果几乎涉及村落民俗生活的方方面面，从民间文学、信仰、宗族、姻亲关系、节庆、人生仪礼、庙会、民间艺术到农耕、手工业生产，相比而言，对物质生产民俗的村落民俗志研究进入时间较晚，数量和种类也少于精神、社会和语言等其他类别的民俗。尽管这样，在回归生活世界的研究思潮中，物质生产民俗研究也开始更为自觉地走向村落生活的语境。

依笔者浅见，在谈及物质生产的村落民俗志研究中，有两篇论文值得关注。一是康丽、关昕的论文《民俗文化的地方性表现——以京东高碑店村的节日传统为个案》，另一篇是詹娜的博士论文《农耕技术民俗的传承与变迁研究——以辽宁东部山区沙河沟村为个案》。《民俗文化的地方性表现——以京东高碑店村的节日传统为个案》一文关注的是村落节日传统，但对村落节日传统的解读却密切关联村落的物质生产活动，物质生产民俗成为理解节日习俗的语境。相对于一般村落而言，高碑店村人对端午节的重视胜过春节，在外奔波的人，春节可以不回来，但端午节一定要回来，端午节前后恰逢当地的娘娘庙会，因而高碑店村人的端午节节期从五月初一一直延续到五月初六，节日内容也增添了不少烧香酬神和庆典气氛，对于这样一个特别的节日认知和习俗，该文从村落生活自身结构中寻求理解。

高碑店曾是通惠河畔有名的漕运码头，无论漕运多么繁忙，南方来的漕船船工都要照例在端午节这一天停工休息一天，这一习俗可能影响了高碑店村人对端午的认知；晚清以来，海运和铁路运输的发展，冲击了通惠河的漕运功能，高碑店人逐渐改变了依靠漕运谋生的方式，他们利用河道堰塞，开塘养鱼，以去城里贩鱼为主要营生，成为一个依托京城市场的商农结合的村落。每年的腊月十五到正月十五，正是京城鱼市场生意最红火的时节，忙碌的高碑店村人无暇享用自己的春节，而是通过贩卖小金鱼为京城节日市场增添年节气氛；春节气氛的相对冷淡，使得高碑店人从自身节日体系的调整中得到补偿，融合娘娘庙会的端午节为他们提供了类似春节的庆典空间，满足了他们的团聚、信仰、娱乐、商贸、社交等多种需求。高碑店的个案彰显了村落物质生产活动对村落节日民俗活动结构的影响，在该文中高碑店的漕运和贩鱼营生作为理解村落春节和端午节活动的语境，但从另外的角度讲，春节和端午节又何尝不是漕运和贩鱼营生的语境，它们在村落生活的整体语境中构成互释。《民俗文化的地方性表现——以京东高碑店村的节日传统为个案》一文的意义在于不是在原有民俗分类法基础上孤立地谈论生产习俗，而是重拾物质生产习俗与地方民俗生活的关联。①

刘晓春将20世纪90年代后期中国民俗学研究的范式转换归纳为“从民俗到语境中的民俗”②，从这个意义上说，关于物质生产的村落民俗志研究意味着将被剥离出的生产习俗还原到它依存的村落生活语境中，这里的语境不仅指涉与生产民俗相关联的其他民俗事象，而且包含村落生活的主体——创造、享用和传承民俗的人。如果说呈现或重拾生产民俗与其他民俗事象的内在联系是整体研究的需要，那么关注物质生产民俗的主体则体现了对生活世界中意义的探寻。詹娜的博士论文《农耕技术民俗的传承与变迁研究——以辽宁东部山区沙河沟村为个案》可谓在这方面作了有力探索。该文生动展现了辽东一个村落的村民对农耕技术的认知和实践，表现了这一群体独特的知识体系、生存逻辑和生活智慧。与其说论文考察的沙河沟村拥有独特的农耕技术民俗，不如说传承这一农耕技术民俗的群体是独特的，他们的农耕活动、历史记忆、时间制度和对土地的认知和情感都深深打上了村落的烙印。在此，我们看到的不是被归纳出来的农耕技术知识和经验，而是鲜活的农耕技术行为以及在此基础上体现的农耕技术实践主体的精神、情感和价值观念。这篇论文完成的时间是2006年，此时刘铁梁尚未提出“劳作模式”的概念，但该文对农耕技术传承民俗的描述已接近“劳作模式”的内涵，或者从另一个角度说，这些村落语境下的物质生产民俗研究为“劳作模式”概念的提出提供了酝酿基础。

（三）村落劳作模式研究的意义

“村落劳作模式”是刘铁梁近年来在北京郊区带领学生做民俗调查时提出的概念，关于这一概念提出的背景，刘铁梁是这样阐述的：

> 一个村落里每户人家的谋生方式，固然有一定差异，但在整体上却往往形成共同的选择，原因在于大家所拥有的资源、技艺和在市场网络中的地位，都是相同或相似的。基本是全村共同选择生计方式的

① 康丽、关昕：《民俗文化的地方性表现——以京东高碑店村的节日传统为个案》，《民俗研究》2005年第4期。

② 刘晓春：《从“民俗”到“语境中的民俗”——中国民俗学研究的范式转换》，《民俗研究》2009年第2期。

情况，在房山地区表现得非常明显，特别在副业劳作方面的模式化形成了若干地理板块。主要有：

(1) 山区村落的保养果木和贩运山货；(2) 山区和附近平原村落的走窑、烧灰；(3) 平原交通要道附近村落的养骆驼和拉骆驼运输（骆驼在夏天，要送到“口外”① 去养）；(4) 拒马河河谷地带村落的一年一度“搭桥拆桥”和“拍鱼”（一种捕鱼方式）；(5) 永定河一带村落的“当河兵”和“烧盐烧碱”（盐碱地的利用）；(6) 琉璃河流域村落的“扛大个”（搬运）；(7) 县城附近村落的集市贩卖和各种手工制作。(8) 大石窝村的采石和石雕，高庄的“贡米”水稻种植，以及其他传统名优商品的销售，分布上则不可能集中。这些在粮食种植之外，兼从其他生业的劳作模式能够得以建立和改变，除受一定自然环境、人口流动等因素影响之外，几乎都与市场的活跃程度及商品结构变化的制约相关。而就村民的感受而言，他们的劳作经验是与自己村落的名称联系在一起的。也就是说，他们很大程度上是以村落集体的角色来加入市场体系中的协作与竞争的，从而推动了以村落为界限的劳作模式进一步重组与分化。

我们不妨借用这一村落地方感的视角，提出“村落劳作模式”这一既具有外部形态表现特征，又具有内部感受特征的分析概念，以理解近代中国农村进入新的市场体系过程中，所出现的生产与交换关系愈加紧密的真实变化。所谓劳作模式，意味着劳动者在投入经济与社会交往过程中的群体行为特征，就主体感受而言，它也是指身体被塑造的结果，是蕴涵在身体中的全部感觉、记忆、知识与技能的社会化的一种综合，因此也成为群体记忆历史的一类载体形式。②

从上文的阐述中看出，刘铁梁赋予“劳作模式”这一概念新的内涵。过往对劳作模式的理解，多将其等同于生计模式、生计类型等词汇，强调经济生产方式的不同类型和特征，比如经常谈到的狩猎、游牧、农耕、渔业等大的经济类型或制陶、编织、纺织、泥塑、稻作等具体生计方式，较

---

① “口外”指张家口外。

② 刘铁梁：《近代以来北京城乡的市场体系与村落劳作模式——以房山为案例》，载赵世瑜编《大河上下——10世纪以来的北方城乡与民众生活》，山西人民出版社2010年版，第225—238页。

少突出劳作者个体或群体。即便提到劳作者群体，也往往带有泛化和匀质化倾向。而这里刘铁梁将劳作者的主体感受纳入到对劳作模式概念的理解中，并将其和记忆、知识与技能的社会化融为一体，体现了生产民俗研究的整体视野以及对研究对象主体性的探求。生产民俗这一抽象的学术概念在此被置换为充分体现民俗模式化和身体实践特质的“劳作模式”概念，比之语境中的生产民俗，作为“劳作模式”的生产民俗更为贴近民俗学研究范式转化指向的民俗生活。当使用语境这一概念时，意味着存在相对于语境的文本，文本是什么呢？是被归纳出来的物质民俗还是物质民俗生活呢？恐怕更多的时候，文本还是指被剥离和抽象出来的民俗事项，如此反而背离了日常生活研究的整体取向，因为此时所谓的整体是被割裂和分离后的文本与语境的相加，而日常生活研究追求的整体是本然的未曾被割裂的整体，从这个意义上说，“劳作模式”这一概念体现了对生活世界的回归和探索。

过往的物质生产民俗研究往往存在两种倾向，一种倾向于关注物质生产背后的信仰、仪式和习俗，认为这些才能称之为物质民俗，这一局限或说狭隘的理解经常被归咎于博尔尼女士，因为她曾说过：“引起民俗学家注意的，不是耕犁的形状，而是耕田者推犁入土时所举行的仪式；不是渔网和渔叉的构造，而是渔夫入海时所遵循的禁忌；不是桥梁或房屋的建筑术，而是施工时的祭祀以及建筑物使用者的社会生活”①，博尔尼女士的话确实带有一定的偏见，但实质上根源不在她的话上，而在于对民俗的界定和理解上；另一种倾向是，将物质民俗理解为物质文明和文化，关注的是物质生产的工艺、技术、经验和知识等。这两种倾向似乎都忽视了物质生产活动的主体——人，在此意义上，劳作模式概念给予了一定程度的补充和纠正，勾连了传统民俗学和科技史研究的视野，突出了生产活动主体的感受、意义世界和历史文化个性。

对劳作者主体感受的关注固然来自整体视野的应然追求，但从根本上说是由民俗文化的身体性属性决定。“民俗生活与文化模式在很大程度上即是或多少包含着习得的、融入身体的知识，是一种‘体知’。无论是口头的传统，匠人手头身上的技艺绝活，还是民众在日复一日、年复一年的

① ［英］查·索·博尔尼：《民俗学手册》，程德祺等译，上海文艺出版社1995年版，第48页。

节日、仪式和日常生活中形成的情感方式、感觉倾向、行为方式与规范，往往都是在耳濡目染中习惯成自然，成为刻骨铭心的知识和文化模式。民俗生活在社会化过程中的作用从根本上是形塑、生产和再生产符合特定文化传统的身体。”[①] 正因为民俗的身体性这一特质，使得民俗学者在日常生活的田野中获知的不仅是视觉信息，还有听觉、嗅觉、味觉、嗅觉等体验，这些自然散发甚至是扑面而来的民众对生活的诸多感受，民众的情绪、情感、态度、精神、心理等是难以过滤和摒弃的。

在劳作模式研究中，村落劳作模式被给予特别关注。这不仅因为村落是中国社会的基本单元，理应作为劳作模式研究的基本单位之一，还因为中国乡村经济生活中确实存在村落特色劳作模式，其中一些村落还发展成为某种生产类型的专业村。[②] 当一些村落的村民选择相同生计方式时，便形成相同的生产生活节奏和共同的身体经验，作为模式化生活的民俗也就相伴而生。相比较而言，大于村落的乡镇、区县、省或是较大区域、地理单元，因阶层和行业分化，较难形成相对统一的劳作模式，从这个意义上说，村落劳作模式是生产民俗研究中的一个特别而重要的视阈。

经济学研究乡村经济，但其考察单位一般大于村落，宏观考察多于个案研究，多是呈现量化的经济数据或是从资源、环境、市场等要素出发，考察村落特色生计或专业村成因，一般不从日常生活视角出发将一村特色生计理解为村民共享的生活模式。社会学关注村落生计，但更多的将其作为理解村落社区的背景或是从社会资本和社会网络视角进行解读和阐释，较少关注劳作主体的精神和情感世界。人类学也研究村落生计，但异文化研究倾向和宏大的文化视野，使村落生计成为解释某一文化类型或特质的基础或是文化生态系统中的重要一环。着重从生活模式视阈来理解村落特色生计体现了民俗学的学科追求，显示了在村落研究的多学科对话中民俗学的视野和智慧。

---

① 彭牧：《民俗与身体——美国民俗学的身体研究》，《民俗研究》2012 年第 3 期。

② 蔡磊通过对一个荆条编织专业村的考察，探讨乡村手艺与村落共同体的关联。参见蔡磊《手艺劳作模式与村落社会的建构——房山沿村编筐手艺的考察》，博士学位论文，北京师范大学民俗学与文化人类学研究所，2009 年；蔡磊：《劳作模式与村落共同体——京南沿村荆编考察》，《民俗研究》2012 年第 6 期。

参考文献

（1）专著

彭南生：《半工业化——近代中国乡村手工业的发展与社会变迁》，中华书局 2007 年版。

［古希腊］亚里士多德：《政治学》，吴寿彭译，商务印书馆 1996 年版。

［英］齐格蒙特·鲍曼：《共同体》，欧阳景根译，江苏人民出版社 2003 年版。

［美］丹尼尔·贝尔：《社群主义及其批评者》，李琨译，生活·读书·新知三联书店 2002 年版。

王玉亮：《 英国中世纪晚期乡村共同体研究》，人民出版社 2011 年版。

朱爱岚：《中国北方村落的社会性别与权力》，胡玉坤译，江苏人民出版社 2011 年版。

王玉亮：《 英国中世纪晚期乡村共同体研究》，人民出版社 2011 年版。

王景新：《溪口古村落经济社会变迁研究》，中国社会科学出版社 2010 年版。

霍福：《多元村落民俗文化研究：以青海苏木世村落为个案》，中国社会科学出版社 2012 年版。

尤小菊：《民族文化村落的空间研究：以贵州省黎平县地扪村为例》，知识产权出版社 2013 年版。

竺培愚：《渐行渐远古村落：岭南篇》（第 1 卷），经济科学出版社 2013 年版。

刘华芹：《变与不变：21 世纪一个中国村落的民族志研究》，南开大学出版社 2013 年版。

兰林友：《华北满铁调查村落的人类学再研究》，社会科学文献出版社

2012 年版。

林继富：《民间叙事传统与村落文化共同体建构》，中国社会出版社 2012 年版。

陈那波、龙海涵、王晓茵：《乡村的终结》，广东人民出版社 2010 年版。

［美］古尔德：《马克思的社会本体论：马克思社会实在理论中的个性和共同体》，王虎学译，北京师范大学出版社 2009 年版。

［美］安德森：《 想象的共同体》，吴叡人译，上海人民出版社 2011 年版。

张康之、张乾友：《共同体的进化》，中国社会科学出版社 2012 年版。

［英］霍普：《个人主义时代共同体的重构》，沈毅译，浙江大学出版社 2010 年版。

李主天：《共同体与政治团结》，社会科学文献出版社 2011 年版。

吴晓燕：《集市政治交换中的权利与整合》，中国社会科学出版社 2008 年版。

李珂：《集市乡村的再造》，社会科学文献出版社 2012 年版。

李正华：《乡村集市与近代社会：二十世纪前半期华北乡村集市研究》，当代中国出版社 1998 年版。

王登普：《辛集市志》，中国书籍出版社 1996 年版。

石忆邵：《中国农村集市的理论与实践》，陕西人民出版社 1995 年版。

任放：《中国市镇的历史研究与方法》，商务印书馆 2010 年版。

方李莉、李修建：《艺术人类学》，生活·读书·新知三联书店 2013 年版。

［日］西村真志叶：《日常叙事的体裁研究：以京西燕家台村的“拉家”为个案》，中国社会科学出版社 2011 年版。

费孝通：《江村经济：中国农民生活》，商务印书馆 2001 年版。

费孝通：《乡土中国　生育制度》，北京大学出版社 1998 年版。

费孝通：《中国绅士》，社会科学出版社 2006 年版。

费孝通、张之毅：《云南三村》，社会科学文献出版社 2006 年版。

高丙中：《民俗文化与民俗生活》，中国社会科学出版社 1994 年版。

［法］埃米尔·涂尔干：《宗教生活的基本形式》，渠东、汲喆译，上海人民出版社 2006 年版。

［美］杜赞奇：《文化、权力与国家》，王福明译，江苏人民出版社 1995 年版。

［日］渡边欣雄：《汉族的民俗宗教——社会人类学研究》，周星译，天津

人民出版社 1998 年版。
[日] 清水盛光:《中国社会研究》,东京岩波书店 1939 年版。
[日] 福武直:《中国农村社会结构》(福武直著作集第 9 卷),东京大学出版社 1976 年版。
[日] 福武直:《中国村落的社会生活》(福武直著作集第 10 卷),东京大学出版社 1976 年版。
[日] 福武直:《日本农村和中国农村》(福武直著作集第 4 卷),东京大学出版社 1976 年版。
[美] 黄宗智:《华北的小农经济与社会变迁》,中华书局 2000 年版。
[美] 黄宗智:《中国农村的过密化与现代化:规范认识危机及出路》,上海社会科学院出版社 1992 年版。
[美] 黄宗智:《中国乡村研究》(第一辑),商务印书馆 2003 年版。
[美] 黄宗智:《长江三角洲小农家庭与乡村发展》中华书局 2000 年版。
黄应贵:《空间、权力与社会》,“中央”研究院民族学研究所 1995 年版。
黄应贵:《时间、历史与记忆》,“中央”研究院民族学研究所 1988 年版。
黄应贵:《物与物质文化》,“中央”研究院民族学研究所 2004 年版。
王铭铭:《村落视野中的文化与权力——闽台三村五论》,生活·读书·新知三联书店 1997 年版。
王铭铭:《山街的记忆》,上海文艺出版社 1997 年版。
王铭铭:《社会人类学与中国研究》,生活·读书·新知三联书店 1997 年版。
王铭铭:《社区的历程:溪村汉人家族的个案研究》,天津人民出版社 1997 年版。
王铭铭:《走在乡土上——历史人类学札记》,中国人民大学出版社 2003 年版。
[日] 岸本美绪:《伦理经济论与中国社会研究》,载滋贺秀三等著,王亚新、梁治平编《明清时期的民事审判与民间契约》,法律出版社 1998 年版。
[日] 岸本美绪:《明清交替与江南社会——十七世纪中国的秩序问题序》,东京大学出版社 1999 年版。
王铭铭、王斯福主编:《乡土社会的秩序公正与权威》,中国政法大学出版社 1997 年版。

林耀华：《金翼：中国家族制度的社会学研究》，庄孔韶、林宗成译，生活·读书·新知三联书店1989年版。

林耀华：《义序的宗族研究》，生活·读书·新知三联书店2000年版。

李景汉：《北京郊区乡村家庭生活调查札记》，生活·读书·新知三联书店1981年版。

李景汉：《北平郊外之乡村家庭》，上海商务印书馆1929年版。

李景汉：《定县社会概况调查》，中国人民大学出版社1986年版。

赵世瑜：《狂欢与日常——明清以来的庙会与民间社会》，生活·读书·新知三联书店2002年版。

赵世瑜：《小历史与大历史：区域社会史的理念、方法与实践》，生活·读书·新知三联书店2002年版。

赵旭东：《权力与公正——乡土社会的纠纷解决与权威多元》，天津古籍出版社2003年版。

朱炳祥：《村民自治与宗族关系研究》，武汉大学出版社2007年版。

郝翔、朱炳祥：《周城文化：中国白族名村的田野调查》，中央民族大学出版社2001年版。

王冠英：《中国古代民间工艺》，商务印书馆1997年版。

苑利：《二十世纪中国民俗学经典·物质民俗卷》，社会科学文献出版社2002年版。

陶立璠：《亚细亚民俗研究》，学苑出版社2005年版。

杨念群：《空间·记忆·社会转型——“新社会史”研究论文精选集》，上海人民出版社2001年版。

杨懋春：《一个中国村庄——山东台头》，张雄、沈炜、秦美珠译，江苏人民出版社2001年版。

［英］马林诺夫斯基：《文化论》，费孝通译，华夏出版社2002年版。

［英］马林诺夫斯基：《西太平洋的航海者》，梁永佳、李绍明译，华夏出版社2002年版。

［美］马歇尔·萨林斯：《历史之岛》，蓝达居等译，上海人民出版社2002年版。

［美］马歇尔·萨林斯：《甜蜜的悲哀》，王铭铭、胡宗泽译，生活·读书·新知三联书店2000年版。

［美］马歇尔·萨林斯：《文化与实践理性》，赵丙祥译，上海人民出版社

2002 年版。

刘铁梁：《中国民俗文化志·北京·门头沟区卷》，中央编译出版社 2006 年版。

刘铁梁：《村落庙会的传统及调整——范庄“龙牌会”与其他几个村落庙会的比较》，载郭于华《仪式与社会变迁》，社会科学文献出版社 2000 年版。

杨利慧：《女娲溯源——女娲信仰起源地的再推测》，北京师范大学出版社 1999 年版。

［美］施坚雅：《中国农村的市场与社会结构》，史建云、徐秀丽译，社会科学文献出版社 1998 年版。

田传江：《红山峪村民俗志》，辽宁文化艺术音像出版社 1999 年版。

庄孔韶：《时空穿行：中国乡村人类学世纪回访》，中国人民大学出版社 2004 年版。

庄孔韶：《银翅：中国的地方社会与文化变迁》，生活·读书·新知三联书店 2000 年版。

庄英章：《林纪埔——一个台湾市镇的社会经济发展史》，上海人民出版社 2000 年版。

［英］莫里斯·弗里德曼：《中国东南的宗族与社会》，刘晓春译，上海人民出版社 2000 年版。

金其铭：《中国农村聚落地理学》，江苏科学技术出版社 1989 年版。

［法］葛兰言：《中国古代的节庆与歌谣》，赵丙祥、张宏明译，广西师范大学出版社 2005 年版。

［法］埃马纽埃尔·勒华拉杜里：《蒙塔尤》，许明龙、马胜利译，商务印书馆 2003 年版。

［美］保罗·康纳顿：《社会如何记忆》，纳日碧力戈译，上海人民出版社 2000 年版。

［美］本尼迪克特·安德森：《想象的共同体》，吴叡人译，上海世纪出版集团 2005 年版。

［德］菲迪南·滕尼斯：《共同体与社会》，林荣远译，商务印书馆 1999 年版。

侯仁之：《历史地理学的理论与实践》，上海人民出版社 1979 年版。

张建民：《明清长江流域山区资料开发与环境演变》，武汉大学出版社

2007 年版。
张建民：《明清长江中游农村社会经济研究》，商务印书馆 2010 年版。
彭泽益：《中国近代与工业史资料》，中华书局 1962 年版。
尹钧科：《北京郊区村落发展史》，北京大学出版社 2001 年版。
丛翰香：《近代冀鲁豫乡村》，中国社会科学出版社 1995 年版。
万建中：《民间文学引论》，北京大学出版社 2006 年版。
郭于华：《仪式与社会变迁》，社会科学文献出版社 2000 年版。
林美容：《乡土史与村庄史》，台原出版社 2000 年版。
黄树民：《林村的故事：1949 年后的中国农村变革》，素兰、纳日碧力戈译，生活·读书·新知三联书店 2002 年版。
[美] 欧达伟：《中国民众思想史论》，董晓萍译，中央民族大学出版社 1995 年版。
蓝林友：《庙无寻处——华北村落的人类学研究》，中央民族大学博士论文 2002 年版。
李亦园：《宗教与神话论集》，立绪文化事业公司 1998 年版。
李亦园：《田野图像》，山东画报出版社 1999 年版。
梁永佳：《地域的等级：一个大理村镇的仪式与文化》，社会科学文献出版社 2004 年版。
刘晓春：《仪式与象征的秩序——一个客家村落的历史、权力与记忆》，商务印书馆 2003 年版。
董晓萍、欧达伟：《乡村戏曲表演与中国现代民众》，北京师范大学出版社 2000 年版。
傅谨：《草根的力量——台州戏班的田野调查与研究》，广西人民出版社 2001 年版。
[日] 鸟越皓之：《日本社会论：家与村的社会学》，王颉译，社会科学文献出版社 2006 年版。
乔志强：《近代华北农村社会变迁》，人民出版社 1998 年版。
尹钧科：《北京郊区村落发展史》，北京大学出版社 2001 年版。
[法] 马塞尔·莫斯：《礼物》，汲喆译，上海人民出版社 2002 年版。
侯钧生：《西方社会学理论教程》，南开大学出版社 2003 年版。
黄盈盈：《身体·性·性感——对中国城市年轻女性的日常生活研究》，社会科学文献出版社 2008 年版。

张思：《近代华北村落共同体的变迁》，商务印书馆 2005 年版。

蓝宇蕴：《都市里的村庄，一个“新村社共同体”的实地研究》，生活·读书·新知三联书店 2005 年版。

张佩国：《近代江南乡村地权的历史人类学研究》，上海人民出版社 2002 年版。

张静：《身份认同研究》，上海人民出版社 2005 年版。

项飚：《跨越边界的社区：北京“浙江”村的生活史》，生活·读书·新知三联书店 2000 年版。

乔健、刘贯文、李天生：《乐户：田野调查与历史追踪》，唐山出版社 2001 年版。

乔健：《印第安人的颂歌》，广西师范大学出版社 2004 年版。

岳永逸：《空间、自我与社会——天桥街头艺人的生成与系谱》，中央编译出版社 2007 年版。

潘鲁生：《民艺学概论》，山东教育出版社 2002 年版。

潘鲁生：《民艺学论纲》，北京工艺美术出版社 1998 年版。

向云驹：《人类口头和非物质文化遗产》，宁夏人民教育出版社 2006 年版。

《中国民族民间文化保护工程普查工作手册》，文化艺术出版社 2005 年版。

唐家路：《民间艺术的文化生态论》，清华大学出版社 2006 年版。

王文章：《非物质文化遗产概论》，文化艺术出版社 2006 年版。

刘魁立编，廉晓春、许平著：《中国民间工艺》，浙江教育出版社 1995 年版。

张士闪：《乡民艺术的文化解读——鲁中四村考察》，山东人民出版社 2006 年版。

徐艺乙：《中国民俗文物概论——民间物质文化的研究》，上海文化出版社 2007 年版。

顾军、苑利：《文化遗产报告》，社会科学文献出版社 2005 年版。

山曼：《山东民俗》，山东友谊出版社 1988 年版。

纳钦：《口头叙事与村落传统——公主传说与珠腊沁村信仰民俗社会研究》，民族出版社 2004 年版。

杨正文：《鸟纹羽衣——苗族服饰及制作技艺考察》，四川人民出版社

2003 年版。
杭间：《手艺的思想》，山东画报出版社 2001 年版。
张道一：《张道一文集》，合肥教育出版社 1999 年版。
[日] 柳宗悦：《工艺文化》，徐艺乙译，广西师范大学出版社 2006 年版。
[日] 平野义太郎：《会，会首，村长》，《支那惯性调查汇报》1944 年版。
[日] 戒能通孝：《 法律社会学诸问题》，日本评论社 1943 年版。
[日] 旗田魏：《中国村落与共同体理论》，岩波书店 1973 年版。
[日] 村松祐次：《中国经济的社会体制》，东洋经济新报社 1949 年版。
蔡成：《地工开物——追踪中国民间传统手工艺》，生活·读书·新知三联书店 2007 年版。
[美] 舒尔茨：《改造传统农业》，梁小民译，商务印书馆 1999 年版。
高宣扬：《当代社会理论上》，中国人民大学出版社 2005 年版。
翟学伟：《人情、面子与权力的再生产》，北京大学出版社 2006 年版。
李银河：《生育与村落文化》，中国社会科学出版社 1994 年版。
[英] 查·索·博尔尼：《民俗学手册》，程德祺等译，上海文艺出版社 1995 年版。
[美] 鲁道夫·P. 霍梅尔：《中国手工业调查图录（1921—1930）》，戴吾三译，北京理工大学出版社 2012 年版。
臧继骅：《中国淮河流域民间工匠习俗》，中国文史出版社 2001 年版。
[美] 约瑟夫·熊彼特：《经济发展理论》，何谓、易家祥译，商务印书馆 2000 年版。
景军：《神堂记忆》，福建教育出版社 2013 年版。
赵旭东：《权力与公正——乡土社会的纠纷解决与权威多元》，天津古籍出版社 2003 年版。
[美] 白馥兰：《技术与性别：晚期帝制中国的权力经纬（1997）》，江湄、邓京力译，江苏人民出版社 2006 版。
[美] 孔飞力：《中华帝国晚期的叛乱及其敌人》，谢亮生、杨品泉、谢思炜译，中国社会科学出版社 1990 年版。
[美] 施坚雅：《中华帝国晚期的城市》，叶光庭、徐自立、王嗣均、徐松年、马裕祥、王文源译，中华书局 2000 年版。
卢敦基：《永康手艺人口述史》，浙江人民出版社 2012 年版。
[日] 古岛和雄：《旧中国的土地所有及其性质》，《中国农村革命的展

开》，亚洲经济研究所 1972 年版。
[日] 河地重藏：《毛泽东与现代中国》，密涅法书房 1972 年版。
[日] 石田浩：《中国农村社会经济结构的研究》，晃洋书房 1986 年版。
Robert E. Park & Ernest W. Burgess, *Introduciton to the Science of Sociology*, Chicago: niv. of Chicago Press, 1921.
Dwight Sanderson & Robert A. Poison, *Rural Community Organization*, New-York: JohnWiley&. oSns, 1939.
RobertM. Maeiver, *Community: A Sociological Study*, London: Maemillall-Co, 1928.
Zmimerm an, Carle C., *The ChangingCommunity*, New York: Harper and Brothers, 1938.
Amlgren, Gunnar, CommunityIn Borgatta, Edgar F. Editor in Chief, *Encyclopedia of Sociology* (Second Edition). New York: Macmillan Reference, 2000.
Day, Graham, *Community and Everyday Life*, London and New York: Rout ledge, 2006.
Day, Graham *Community and Everyday Life*, London and New York: Rout ledge.

（二）论文

毛丹：《村落共同体的当代命运：四个观察维度》，《社会学研究》2010 年第 1 期。
郑瑞侠：《中国古代早期工匠神话解析》，《东北师范大学学报》（哲学社会科学版）2004 年第 1 期。
吴慧丽，韩洪涛：《论社会学对共同体概念的解构与分析》，《洛阳理工学院学报》（社会科学版）2012 年第 2 期。
黄静华：《手艺人民俗志：聚焦“非物质性”的工艺民俗研究》，《思想战线》2010 年第 5 期。
潘鲁生：《关于构建中国“手艺学”的问题》，《山东社会科学》2011 年第 1 期。
[日] 久保田文次：《中国古代国家的变质与社会权利》，《历史学研究》第 664 号。
[日] 柳田节子：《乡村制的展开》，岩波讲座，《世界历史》，1970 年。
[日] 仁井田升：《中国同族或村落土地所有制问题——宋代以后的所谓

共同体》，《东洋文化研究所纪要》第 10 册，1956 年。
郭冬梅：《近代日本的地方自治和村落共同体》，《日本学论坛》2004 年第 1 期。
王晓艳：《边境集市与村落共同体的构建——基于中缅边境陇把镇的调查》，《民族论坛》2012 年第 8 期。
刘铁梁：《劳作模式与村落认同——以北京房山农村为案例》，《民俗研究》2013 年第 3 期。
安德明：《家乡——中国现代民俗学的一个起点和支点》，《民族艺术》2004 年第 2 期；
［日］丹乔二：《试论中国历史上的村落共同体》，虞云国译，《史林》2005 年第 4 期。
蔡磊：《劳作模式与村落共同体——京南沿村荆编考察》，《民俗研究》2012 年第 6 期。
张思：《役畜借用习惯与近代华北村落共同体的变迁》，《河北广播电视大学学报》2013 年第 1 期。
杜靖：《“宗族社区”与“村落共同体”源流辨》，《中国社会科学报》2010 年 9 月 9 日第四版。
兰林友：《满铁调查村落的历史与现状透视》，《中央民族大学学报》（哲学社会科学版）2012 年第 1 期。
张要杰：《国外学者的中国农村社会研究成果述评》，《湖南农业大学学报》（社会科学版）2010 年第 6 期。
张思：《从近世走向近代：华北的农耕结合与村落共同体》，《民俗研究》2010 年 1 期。
陈爱国：《共同性向公共性的转型——陕西省华县皮影戏的个案研究》，《文化遗产》2012 年第 4 期。
刘铁梁：《劳作模式与村落认同——以北京房山农村为案例》，《民俗研究》2013 年第 3 期。
杨华：《初论“血缘共同体”与“关系共同体”——南北村落性质比较》，《开发研究》2008 年第 1 期。
毛丹：《 村庄前景系乎国家愿景》，《人文杂志》2012 年第 1 期。
杜靖：《文化意义上村庄的死亡》，《 中国社会科学报》2011 年 2 月 24 日第 006 版。

项继权：《论我国农村社区的范围与边界》，《 中共福建省委党校学报》2009 年第 7 期。

兰林友：《华北村落的人类学研究方法》，《中央民族大学学报》2002 年第 6 期。

李远行：《大共同体本位？小共同体本位？——中国农村基层组织性质探析》，《安徽大学学报》2004 年第 1 期。

陈柏峰：《村落纠纷中的“外人”》，《社会》2006 年第 4 期。

马贵侠：《“共同体”的解构与重构——由腾尼斯的“共同体”与“社会”引发的思考》，《 长春工业大学学报》（社会科学版）2006 年第 3 期。

吴晓燕、李赐平：《乡村集市的政治学解读：缘起与拓展》，《天府新论》2008 年第 4 期。

黄琳、刘翠玉：《农民主体性发展的共同体陷阱》，《辽宁行政学院学报》2008 年第 7 期。

吴晓燕：《农村集市与乡村政治研究：缘起与拓展》，《政治与法律》2008 年第 8 期。

陈慕远：《华北农村农业产业化发展萌芽》，《北京农业》2013 年第 6 期。

黄家友：《近代华北农村发展问题研究综述》，《许昌学院学报》2005 年第 3 期。

乔志强、行龙：《近代华北农村社会变迁刍论——兼论地域社会史研究的理论与方法》，《史学理论研究》1995 年第 2 期。

谢维：《从乡土中国到“两个”中国——读〈彭慕兰腹地的构建：华北内地的国家、社会和经济（1853—1937）〉》，《史学月刊》2010 年第 7 期。

何莉宏：《民国时期华北商路变迁与乡村集市的发展》，《生产力研究》2010 年第 4 期。

慈鸿飞：《二十世纪前期华北地区的农村商品市场与资本市场》，《中国社会科学》1998 年第 1 期。

张思：《近代华北农村社会的变迁与换工——以劳动力、畜力间的对等交换为中心》，《河北广播电视大学学报》2012 年第 5 期。

史建云：《论近代中国农村手工业的兴衰问题》，《近代史研究》1996 年第 3 期。

陆益龙：《从乡村集市变迁透视农村市场发展——以河北定州庙会为例》，《江海学刊》2012 年第 3 期。

李金铮:《二三十年代定县农民生活的考察——定县近代农村经济研究之一》,《河北大学学报》(哲学社会科学版)1989 年第 4 期。

张亚星:《20 世纪初期华北农村经济变迁》,《湖北科技学院学报》2012 年第 11 期。

郭锦超:《阻碍近代华北农村商品经济发展的因素》,《渤海大学学报》(哲学社会科学版)2006 年第 2 期。

渠桂萍:《清末与民国时期华北乡村中“能力型”阶层》,《社会科学战线》2008 年第 1 期。

彭南生:《近代华北乡村手织业经济区兴起原因初探》,《广西梧州师范高等专科学校学报》2000 年第 3 期。

彭南生、严鹏:《清末民初湖北乡村棉织业发展缓慢的因素——兼与华北、江南地区的比较》,《江汉论坛》2008 年第 8 期。

徐浩:《论清代华北乡村工商业的扩张与局限》,《江海学刊》2000 年第 1 期。

安雅丽、刘会颖:《国民经济恢复时期河北农村集市贸易研究》,《唐山学院学报》2011 年第 1 期。

晋隆冈:《铁路对近代河北农村经济的影响》,《河北学刊》2007 年第 3 期。

赵志强:《近代华北集市研究综述》,《河北青年管理干部学院学报》2008 年第 2 期。

王庆成:《晚清华北定期集市数的增长及对其意义之一解》,《近代史研究》2005 年第 6 期。

安雅丽:《十年来华北集市贸易研究综述》,《高校社科信息》2003 年第 4 期。

龚关:《明清至民国时期华北集市的集期分析》,《中国社会经济史研究》2002 年第 3 期。

龚关:《明清至民国时期华北集市的数量分析》,《中国社会经济史研究》1999 年第 3 期。

高其荣:《大跃进和国民经济调整时期我国农村集市贸易政策述论》,《云梦学刊》2011 年第 6 期。

慕良泽:《农村集市场域中的政治与市场——基于对甘肃省东部景乡集市的调查分析》,《地方财政研究》2007 年第 9 期。

肖良武：《20世纪30年代贵州农村集市研究——以贵定为例》，《贵阳学院学报》（社会科学版）2011年第4期。

李飞龙：《冲突与协调：国家权力、基层市场与农民生活——“大跃进”后贵州农村集市贸易分析》，《华南农业大学学报》（社会科学版）2012年第2期。

陆益龙：《从乡村集市变迁透视农村市场发展——以河北定州庙会为例》，《江海学刊》2012年第3期。

蒋超：《公共生活的变革：一个西南农村定期集市的兴起与衰落》，《内蒙古社会科学》（汉文版）2009年第6期。

肖发生：《清代贵州农村集市考察》，《中国经济史研究》2010年第2期。

陈国灿：《南宋时期乡村集市的演变及其对农村经济的影响》，《浙江社会科学》2010年第4期。

张婧：《支撑与收容——北方农村集市个案研究》，《中国商贸》2009年第5期。

王俊凤、刘博文、贾会棉：《县域农村集市的调查与分析——以河北省博野县为例》，《经济研究导刊》2010年第19期。

许檀：《明清时期农村集市的发展及其意义》，《中国经济史研究》1996年第2期。

常明明：《20世纪50年代前期乡村手工业发展的历史考察》，《中国农史》2012年第1期。

王志东：《明清泽潞地区乡村手工业简论》，《安徽史学》2011年第3期。

于秋华：《明清时期乡村手工业的商品生产规模分析》，《大连海事大学学报》（社会科学版）2010年第2期。

彭南生：《近50余年中国近代乡村手工业史研究述评》，《史学月刊》2005年第11期。

孙振玉：《台湾民族学的的祭祀圈与信仰圈研究》，《中国民族大学学报》（人文社会科学版）2002年第5期。

彭牧：《民俗与身体——美国民俗学的身体研究》，《民俗研究》2012年第3期。

李国庆：《关于中国村落共同体的论战——以“戒能—平野论战”为核心》，《社会学研究》2005年第6期。

王焕炎：《水利·国家·农村——以水利社会史为视角加强传统社会关系

的研究》，《甘肃行政学院学报》2008 年第 6 期。

林美容：《由祭祀圈来看草屯镇的地方组织》，《中央研究院民族学研究所集刊》1987 年总第 62 期。

叶涛：《盐野米松访谈录》，《民俗研究》2000 年第 2 期。

王斯福：《什么是村落？》，《中国农业大学学报》（社会科学版）2007 年第 3 期。

王建革：《近代华北乡村的社会内聚及其发展障碍》，《中国农史》1999 年第 4 期。

刘铁梁：《“标志性文化统领式”民俗志的理论与实践》，《北京师范大学学报》（社会科学版）2005 年第 6 期。

刘铁梁：《村落——民俗传承的生活空间》，《北京师范大学学报》（社会科学版）1996 年第 6 期。

刘铁梁：《民俗志研究方式与问题意识 》，《北京师范大学学报》（社会科学版）1998 年第 6 期。

刘铁梁：《普遍和深层次的保护》，《民俗文化普查和研究通讯》2008 年第 2 期。

黄忠怀：《20 世纪中国村落研究综述》，《华东师范大学学报》（哲学社会科学版）2005 年第 2 期。

柯小杰：《荆楚木瓦工行话浅析》，《民俗研究》1999 年第 4 期。

任桂香：《祭祀圈信仰圈文化圈之刍议》，《黑龙江史志》2008 年第 11 期。

朱炳祥：《继嗣与交换：地域社会的构成——对摩哈苴彝村的历史人类学分析》，《民族研究》2004 年第 6 期。

朱炳祥：《摩哈苴彝村“出行”群体与地域关系结构——“祭祀圈模式”解释力的局限》，《武汉大学学报》（哲学社会科学版）2007 年第 6 期。

吕微：《家乡民俗学——民俗学的纯粹发生形式》，《民间文化论坛》2005 年第 4 期。

吕微：《从经验实证的民俗志到纯粹观念的民俗学》，《民间文化论坛》2007 年第 1 期。

庄英章：《人类学与台湾区域发展史研究》，《广西民族学院学学报》1998 年第 2 期。

滕兰花：《清代广西伏波庙地理分布与伏波祭祀圈探析》，《广西民族学院学报》2006 年第 4 期。
王加华：《内聚与开放：棉花对近代华北乡村社会的影响》，《中国农史》2003 年第 1 期。
张志超：《内聚与开放：花生对英租时期威海乡村社会的影响》，《江西财经大学学报》2009 年第 1 期。
李善峰：《20 世纪的中国村落研究——一个以著作为线索的讨论》，《民俗研究》2004 年第 3 期。
徐艺乙、孙建君：《柳宗悦其人其文——〈民艺论〉中译本前言》，《装饰》2001 年第 4 期。
曹本冶、薛艺兵：《河北易县涞水两地的后土崇拜与民间乐社》，《中国音乐学》2000 年第 1 期。
马光亭：《赶集：再现于乡村生活中的地方性时间——以苏北依村村集为例》，《广西民族大学学报》（哲学社会科学版）2007 年第 4 期。
潘鲁生：《民艺与民艺学研究》，《浙江工艺美术》2002 年第 2 期。
张宏明：《民间宗教祭祀中的义务性和自愿性——祭祀圈和信仰圈辨析》，《民俗研究》2002 年第 1 期。
赵晓楠：《芦笙的制作与芦笙工匠的传承》，《中国音乐》2001 年第 4 期。
尹建良：《柳编生产工艺》，《内蒙古林业》1999 年第 9 期。
袁源、吴智慧：《留住手艺——工业时代的手工业》，《装饰》2005 年第 3 期。
王光辉：《嵊州竹编》，《浙江档案》2007 年第 12 期。
张金庚：《山东民间编织考略》，《民俗研究》1991 年第 4 期。
石峰：《关中“水利社区”与北方乡村的社会组织》，《中国农业大学学报》（社会科学版）2009 年第 1 期。
吴晓燕：《基层市场与乡村社会研究：历史与趋势》，《社会主义研究》2007 年第 2 期。
王娟：《新形势下的新定位——关于民俗学的“民”与“俗”的新思考》，《民俗研究》2002 年第 1 期。
王铭铭、刘铁梁：《村落研究二人谈》，《民俗研究》2003 年第 1 期。
王铭铭：《范式与超越：人类学中国社会研究》，《广西民族学院学报》（哲学社会科学版）2006 年第 4 期。
王铭铭：《“水利社会”的类型》，《读书》2004 年第 11 期。

王庆成：《晚清华北村落》，《近代史研究》2002 年第 3 期。
王庆成：《晚清华北的集市和集市圈》，《近代史研究》2004 年第 4 期。
杨知勇、秦家华、李子贤：《物质民俗——一个有待开拓的研究领域》，《思想战线》1989 年第 5 期。
董晓萍：《工匠集团——谈谈物质民俗（二）》，《文史知识》1999 年第 3 期。
张亚星：《20 世纪初期华北农村经济变迁》，《湖北科技学院学报》2012 年第 11 期。
李小建、罗庆、樊新生：《农区专业村的形成和演化机理研究》，《中国软科学》2009 年第 2 期。
高更和、石磊：《专业村形成历程及影响因素研究——以豫西南 3 个专业村为例》，《经济地理》2007 年第 7 期。
李小建、罗庆、樊新生：《农区专业村的形成和演化机理研究》，《中国软科学》2009 年第 2 期
《20 世纪二三十年代华北乡村危机的表现及其》，《沧桑》2011 年第 3 期。
王学泰、赵诚：《游民文化对中国社会的影响》，《社会科学论坛》2007 年第 1 期。
赵金萍：《傣族竹制手工艺的保护与传承》，《云南艺术学院学报》2008 年第 1 期。
许嘉明：《彰化平原福佬的地域组织》，《中央研究院民族学所集刊》1975 年总第 31 期。
蓝林友：《村落研究：解说模式与社会事实》，《社会学研究》2004 年第 1 期。
蒋素利：《村落别名故事的民俗学研究——以庙头镇八村为例》，《柳州师专学报》2009 年第 1 期。
陈君静：《施坚雅中国城市发展区域理论及其意义》，《宁波大学学报》（人文科学版）1999 年第 3 期。
奂平清：《施坚雅乡村市场发展模型与华北乡村社会转型的困境——以河北定州为例》，《社会主义研究》2008 年第 4 期。
陈玲、丁万录：《施坚雅市场空间理论在西北民族地区的适应性分析——以宁夏西吉县集市体系为例》，《宁夏社会科学》2008 年第 5 期。
任放：《施坚雅模式与中国近代史研究》，《近代史研究》2004 年第 4 期。

任放、杜七红：《施坚雅模式与中国传统市镇研究》，《浙江社会科学》2000 年第 5 期。

刘玉照：《村落共同体、基层市场共同体与基层生产共同体——中国乡村社会结构及其变迁》，《社会科学战线》2002 年第 5 期。

朱培初：《日本民艺运动的倡导者——柳宗悦》，《装饰》1990 年第 4 期。

王杰文：《反思民俗志——关于钟敬文先生的“记录民俗学”》，《西北民族研究》2004 年第 1 期。

刘锡诚：《一部成功的民俗志》，《民俗研究》1998 年第 3 期。

刘铁梁：《近代以来北京城乡的市场体系与村落劳作模式——以房山为案例》，载赵世瑜编《大河上下——10 世纪以来的北方城乡与民众生活》，山西人民出版社 2010 年版。

安德明：《家乡民俗学：从学术实践到理论反思》，《民间文化论坛》2005 年第 4 期。

刘宗迪：《从书面范式到口头范式论民间文艺学的范式转换与学科独立》，《民族文学研究》2004 年第 2 期。

桑童：《贵州侗布制作技艺的传承与发展》，《贵州大学学报》（艺术版）2008 年第 2 期。

方李莉：《正在逝去的手艺——洛川县栖凤镇谷咀村考察》，《民族艺术》2003 年第 1 期。

［美］迈克尔·欧文·琼斯：《手工艺·历史·文化·行为：我们应该怎样研究民间艺术和技术》，游自荧译，《民间文化论坛》2005 年第 5 期，

李雪艳：《民计与民生——连云港市塔山镇柳编工艺田野调查》，《美与时代（下）》2008 年第 10 期。

彭恒礼：《论壮族的族群记忆——体化实践与刻写实践 》，《广西民族研究》2006 年第 2 期。

施振民：《祭祀圈与社会组织——彰化平原聚落发展模式的探讨》，《中央研究院民族学研究所集刊》1975 年第 36 期。

曾澜：《地方记忆与身份呈现：江西傩艺人身份问题的艺术人类学考察》，复旦大学 2012 年博士学位论文。

刁统菊：《姻亲关系的秩序与意义——以山东枣庄红山峪村为个案》，北京师范大学 2002 年博士学位论文。

刘晓春：《一个客家村落的家族与文化——江西富东村的个案调查》，北

京师范大学 2003 年博士学位论文。
岳永逸：《庙会的生产——当代河北赵县梨区庙会的田野考察》，北京师范大学 2004 年博士学位论文。
[日] 西村真志叶：《日常叙事的体裁研究——以京西燕家台村的拉家为个案》，北京师范大学 2006 年博士学位论文。
马光亭：《时间之争——对苏北依村基督教群体的民俗学考察》，北京师范大学 2007 年博士学位论文。
李慰祖：《四大门》，燕京大学法学院社会学系 1941 学士毕业论文。
李国平：《"白柳之乡"柳编习俗调查研究》，西北民族大学 2005 年硕士学位论文。
张艳：《成都地区传统手艺产品——瓷胎竹编的现状研究与开发》，西南交通大学 2005 年硕士学位论文。
费怡敏：《青神竹编工艺研究》，苏州大学 2008 硕士论文。
刘喆：《布迪厄的社会学思想研究》，武汉大学 2005 年硕士学位论文。
杨志新：《乡村集市与社区民俗生活——以宁夏灵武市崇光镇集市为例》，西北民族大学 2005 年硕士学位论文。
钟晋兰：《乡镇墟市与民间信仰的历史人类学研究——以清末民国的闽西为中心》，福建师范大学 2007 年硕士学位论文。
闫成新：《村落共同体的核心架构研究》，中共北京市委党校 2012 年硕士学位论文。
李传喜：《旧村改造背景下村落共同体的变迁与重塑》，浙江师范大学 2011 年硕士学位论文。
张丽：《"村落共同体"的实践逻辑与居民的非对抗性抵制》，华东师范大学 2011 年硕士学位论文。
张红：《"征地"事件与郊区村落共同体的变迁》，华东师范大学 2004 年硕士学位论文。
江涛：《村落共同体的延续》，广西民族大学 2009 年硕士学位论文。
梁效革：《村落终结与村落共同体的未来研究》，山东大学 2009 年硕士学位论文。
王英：《稻作文化与集团意识》，东北师范大学 2006 年硕士学位论文。
陈晶：《京郊农村的生计变迁研究》，中央民族大学 2009 年硕士学位论文。

何莉宏：《民国时期华北乡村集市的变迁》，西北大学2003年硕士学位论文。

袁钰：《1895—1936年华北农民与市场研究》，广西师范大学2000年硕士学位论文。

陈晶：《京郊农村的生计变迁研究：顺义区仁和镇沙井村个案》，中央民族大学2009年硕士学位论文。

费怡敏：《青神竹编工艺研究》，苏州大学2008硕士学位论文。

孙凌霄：《山东和内蒙古柳编研究——以汉族和蒙古族为例》，内蒙古农业大学2012年硕士学位论文。

胡捷：《竹编工艺在现代产品设计中的巧用》，景德镇陶瓷学院2014年硕士学位论文。

McMillan, David & David Chavis, "Sense of Community: AD efinition and Theory", *Journalof Community P sychology*, Vol. 14, 1986.

（三）地方文献

北京市房山区地方志编纂委员会编：《北京房山年鉴》，方志出版社2012年版。

李伟敏：《北京考古志（房山卷）》，上海古籍出版社2012年版。

唐淑荣主编：《房山文史资料（第二十五辑）》，中国人民政治协商会议北京市房山区委员会学习与文史委员会2011年版。

范文彦主编：《房山历代寺观》，中国人事出版社2009年版。

游来柱：《房山文史资料全编》，中国人民政治协商会议北京市房山区委员会2003年版。

百花山志编纂委员会：《百花山志》，方志出版社2006年版。

王淑玲：《房山自然资源与环境》，中国农业科学技术出版社2004年版。

游子良主编：《京畿古镇长沟》，北京燕山出版社2007年版。

游子良主编：《京畿古镇长沟（续集）》，北京燕山出版社2007年版。

北京市房山区志编纂委员会：《北京市房山区志》，北京出版社1999年版。

民国《房山县志》。

乾隆《房山县志》。

民国《良乡县志》。

致　谢

本书的写作缘起于2007年参加刘铁梁教授主持的北京民俗普查，在房山调查和书稿写作中，他给予了笔者悉心指导和帮助，从研究主题的确立，到书稿结构安排，乃至田野调查技巧，他都给予了笔者中肯意见，在此表示深深感谢！此外，北京师范大学民俗学与文化人类学研究所的万建中教授、杨利慧教授、康丽副教授、岳永逸副教授、彭牧副教授，武汉大学的李惠芳教授、朱炳祥教授、张建民教授、桂胜教授、徐少舟副教授、徐斌副教授，笔者博士论文的评审和答辩老师刘魁立教授、陶立番教授、林继富教授和张士闪教授，以及商务印书馆的李霞老师对本书写作都给予了关心和建议，在此一并表示感谢！

感谢房山调查中所有报道人给予我的无私帮助和支持！感谢房山文联的史长义主席、赵思敬老师、刘泽林老师、张东升老师、房山档案馆的李德玉副局长、李都老师及其他工作人员、长沟镇宣传部的赵立明部长、韩村河镇宣传部的高大辉部长、沿村村委会汪连成书记、芦刚主任、刘玉梅主任及其他工作人员为笔者调查工作提供的便利和帮助！特别感谢房山文联的赵思敬老师为我提供的地方志资料！感谢沿村的才旺老师及其家人给予笔者的帮助和照顾！感谢沿村的高荣大爷、邵璞大爷、邵振清大爷、白叔宽大爷、张克林大爷、邵云大爷、白叔旺大叔、高福兴大叔，西长沟村的王树合大爷、北甘池村的傅洪珍大爷、白庄村的赵恩大爷、曹章村的王柱祥老师、韩村河村的李德江大爷、孤山口村的王建文大姐对调查的大力支持！

感谢笔者的家人一直以来对笔者调查和研究工作的支持！没有他们的默默付出和无私关怀，笔者难以顺利完成本书的写作。

感谢中国社会科学出版社胡靖编审、姜阿平编辑在本书出版过程中给予的关心、帮助和辛勤付出！

蔡　磊

2014年10月9日